婚活中毒

石神賢介

星海社

267
SEIKAISHA SHINSHO

はじめに

恥ずかしながら、誰よりもたくさん婚活をしてきた。

婚活を始めたのは１９９０年代半ば。30代後半だった。それから30年近く、婚活パーティー、結婚相談所、婚活アプリ、婚活バスツアー、婚活ハイキング、婚活ディナー、婚活ランチ、婚活料理教室、婚活座禅、婚活クルージング、たこ焼き婚活……などに参加してきた。

出会った女性は数えきれない。食事やお茶やドライブをした女性は３００人を超えている。その数をかつて記事に書こうとしたら、３００人は非現実的なので１００人にしてほしいと、出版社の人に言われた。アドバイスにしたがって「会った女性は１００人以上」と記したが、実際は３００人ではきかない。

その長期にわたる〝活動〟で得た知識や体験をベースにこの本を書いていきたい。

筆者のスペックは誇れるものではない。いわゆるイケメンとはほど遠い容姿だ。身長は

166センチしかない。この五年で3センチも縮んだ。加齢のせいだろう。体重は75キロもある。頭はおはちが張り、手足は短い、典型的な農耕民族体型の昭和人だ。

還暦も迎えた。今は65歳～74歳を前期高齢者と定義しているらしいので、高齢前夜、〝アラカン〟だ。婚歴は30代前半の一回。一年もしないうちに妻には逃げられた。学歴は大卒だが、東京郊外の私立大学に二年浪人して入れてもらった。職業はいうまでもないが、文筆業。個人事業主。つまり収入も生活も不安定だ。

それでも、婚活ツールを利用すれば、コンスタントに女性と出会えてきた。会社員をはじめ、CA（キャビン・アテンダント）、女優、モデル、銀座のホステス、シンガーソングライター、ドクター、看護師、秘書、コンパニオン、華道の師範、極道の元情婦……などと交際してきた。悪戦苦闘、創意工夫、堅忍質直の成果だと自負している。

もちろんつらい思いはたくさん体験した。詳細は後で述べるが、口説きに口説いて100回くらいデートをしたのに、手もつなげなかったこともあった。容姿に恵まれた高スペックの女性にジジイと罵倒されたこともあった。高額な服や靴をねだられて買ってしまったことも一度や二度ではない。

そんな苦戦も努力も虚しく、還暦を迎えても結婚にいたってはいない。

いけないのは自分自身。十分に承知している。

第5章で詳細を書くが、自我が育ち切ってしまった。

20代で交際した女性とは、一緒に新作映画を観たり、コンサートを観たり、食事をしたり、二人で楽しみ、二人で嗜好を育てていった。

40代を過ぎると、そうはいかない。自分が好きな映画も音楽もご飯も、はっきりとわかっている。苦手なものもわかっている。嫌いだと感じているものはなかなか受け入れられない。嫌なことに誘われると、気持ちが重くなる。一度は付き合っても、二度目は断る。相手に合わせようとするとストレスになる。口内炎ができる。

世の中に趣味嗜好や価値観がまったく同じ相手などいない。頭ではわかっている。歩み寄らなくてはいけないと思う。しかし頭が固くなり、自分と異なる価値観を受け入れられない。

中高年の男が出会う女性は、たいがいは中高年だ。相手もすでにたくさん生きている。男ほど頑固・偏屈ではないにしろ、自我は育っている。短期間ならば合わせられるが、3か月、半年と交際が続くと、おたがいに苦しくなってくる。

一人の暮らしにも慣れ切ってしまった。自宅に他者がいると落ち着けない。30年にもわたる一人暮らしでわがままになり、自分の生活への他者の介入はストレスになる。

交際する女性が家に遊びに来るのはもちろん嬉しい。楽しい。しかし、翌日もそのままずっといられると、そろそろ帰ってくれないかなあー、と思う。好きな時間に飲食して、仕事をして、本を読んで、自分だけのために時間を使いたい。


一方、社会の状況だが、日本の婚活ビジネスはこの30年で成熟した。婚活アプリでも、婚活パーティーでも、正しく利用して正しい努力をすればパートナーと出会える。

この出会えるという事実が、実は落とし穴だ。最初は楽しい。しかし、人と人。なにもかもが合うなどあり得ない。ちょっとした食い違いが生じると、そこで交際をやめてしまう。相手に執着しない。アプリやパーティーなど婚活ツールを利用すれば、またすぐに次の相手に出会えるからだ。

自分はまだ婚活市場で需要があるという思い上がりも交際の進展をさまたげる。いろいろな女性と交際するのは楽しい。常に新鮮でいられる。その誘惑に抗《あらが》えず、婚活沼にずぶずぶに浸かっていく。結婚相手と出会う目的で始めたはずの婚活なのに、いつのまにか婚活そのものを楽しむようになっている。

このマイナスのスパイラルが「婚活中毒」だ。

もっといい人に出会えるはず。もっと自分と合う人がいるはず。もっといい仕事をして、社会的な評価を上げれば、もっといい異性と縁ができるはず。そう思って、いるわけがない理想の相手を求めて婚活を続ける。一種の現代病といっていいかもしれない。

婚活アプリにいつまでも継続して登録している会員は多い。入会と退会をくり返している会員も多い。婚活パーティーでは、男女とも同じ顔に何度も会う。前の週末にパートナーを見つけてうれしそうに帰った人が翌週にはまた同じパーティーに参加している。

3回続けて婚活パーティーで会った40代のシングルマザーで、大型トラックのドライバーは、パートナーを見つけるためのはずがいつのまにか男性と会話をすることが目的で参加していると、笑いながら話していた。パーティーでは多くの男性が必死に自分にアプローチしてくれる。それがうれしくて、毎週末参加してしまうらしい。プチ・ホストクラブのような感覚だろうか。

婚活アプリをはじめ、今の婚活ツールは年々進化し続けている。社会とマッチしているのだろう。だからこそ長期間続けると、婚活から抜け出せない。

この本では、今の婚活というものを内側からも外側からも見て書いていく。

たとえば婚活の場には、ロマンス詐欺、投資や宗教への勧誘目的の男女が一定数いる。売春目的の男女もいる。今でいう〝パパ活〟〝ママ活〟だ。その見分け方をはじめ具体的・現実的な状況についても述べたい。

なお、本書に登場する人物はすべて実在するので、個人を特定できないようにしています。年齢をプラスマイナス2歳以内で変えたり、職種を近いものに変えたり、場所を変えたり、なにかしら配慮しています。ご容赦ください。

目次

第2章 アラカンでも出会える婚活アプリ　47

第3章 安心・安全が担保される結婚相談所 113

第4章 社交性が反映される婚活パーティー 149

第5章「婚活中毒」という病　193

第1章 婚活のメインストリームになった婚活アプリ

セックス直後にお経を唱えた女

「南無妙法蓮華経南無妙法蓮華経南無妙法蓮華経南無妙法蓮華経南無妙法蓮華経……」

全裸の女がベッドに腰掛けてお経を唱えている。まぶたを閉じ、手を合わせて唱える「南無妙法蓮華経」はときどき途切れ、よく聞き取れない早口のお経が挟まる。

どう対応していいかわからず、ただ背中を眺めていた。

こちらも全裸。さっきまでは二人で行為に没頭していた。上になり、下になり。甘い吐息をもらしていた彼女の口は、今お経を唱えている。突然始まった儀式に、最初は自分がお祓いされているのかと思った。

南無妙法蓮華経の彼女は40代後半。婚活アプリを通して出会った。職業はセクシーなランジェリーの販売。インターネットを利用して個人でビジネス展開していた。顧客はホステスや風俗嬢らしい。

アプリのプロフィールにアップされた顔写真は美しく、50歳に近いとは思えない艶を感じた。30代といわれても信用しただろう。

彼女には離婚歴があり、すでに成人した息子がいる。別々に暮らしていると書かれていた。

「なんでも話し合える男性と出会いたいです」

自己紹介欄の一行が目を引いた。自分がプロフィールに書いた文と同じだったからだ。婚活アプリとは結婚を望むシングルの男女が出会うための、インターネットのアプリケーション。プロフィールや希望条件を入力、スマートフォンやパソコンの検索機能を使い、効率よくパートナーを探すことができる。魅力を感じた相手に申し込み、相手が応じれば〝マッチング成立〟となる。一対一でメッセージを交換できて、その後は自由恋愛だ。

南無妙法蓮華経美人とはめでたくマッチングし、都内で食事をした。最初の食事の後クルマで自宅近くに送りハグしてキスをした。あまりにも好きなタイプだったので、情熱がマックスに達した。

彼女との会話は毎回盛り上がる。いつも3時間から4時間も話し続けた。その席で銀座のクラブで長く働いていたと打ち明けられた。彼女の座持ちのよさの理由がわかった。接客のプロだったのだ。

三度目の食事の後、写真が送信されてきた。姿見に映る彼女自身のセミヌードだ。仕事で扱っているものなのだろう、布の小さい、透けそうで透けないピンクのセクシーなランジェリーを身につけていた。全裸よりもむしろそそられる。

「素敵です！」

興奮して、すぐにお礼のメッセージを送った。

翌日も写真が届いた。やはりランジェリー姿。今度はブラック。腰に手を当ててポージングしていた。

「ありがとう！　会いたい！」

メッセージを送り、その翌日、食事の後、シティホテルに入った。最高の夜になるはずだった。服を脱がし合い、抱きしめ合い、彼女の大切な部分に手を伸ばすと、つるつるに処理されていた。テンションはさらに上がった。その後はあまり記憶がない。ベッドの上でめくるめくような時間が流れた。

ところが行為の後、こちらが余韻に浸っている横でお経が始まったのだ。

「えっ……」

息がつまりそうになった。セックスとお経が、頭の中で結びつかなかった。

さっきまで屹立していた自分のモノを上から見る。しょぼんと下を向いている。情けない姿だ。やることもないので、自分のモノをちょんちょんと人差し指ではじいてみる。うんともすんとも言わない。

まるで涙のように、尿道から滴が落ちた。周囲の毛には白いものが数本交ざっている。

物悲しさが増す。

お経は15分ほどで終わった。

彼女はある新興宗教の信者だった。あまり耳にしない比較的マイナーな教団だ。彼女によると、毎日朝晩お経を唱えないと地獄に堕ちるそうだ。それは僕も同じらしい。だから、自分と同じ教団に入信してほしい。それが無理でも、彼女の信仰は認めてほしい、と言われた。

朝晩お経を唱える人と暮らすのは難しい。自宅には大きな仏壇があるらしい。一緒に暮らしたら持ってくるだろう。

ホテルで彼女はこちらを強引に入信させようとしてはこなかった。しかし、交際が進めば強く要求してくるだろう。献金も強いられるはずだ。

残念だけど縁はないと思った。

帰宅して彼女が入信している宗教をネットで検索すると、さまざまな記事が見つかった。彼女の自宅が総本山から目と鼻の先にあることもわかった。年齢を考えても、長く濃い信者生活を送っているのだろう。

女性信者はみんなアソコのまわりの毛をつるつるになるまで剃っているという書き込み

もあった。教祖の方針らしい。どんな教祖なのだ？　単純にスケベなだけじゃないのか？　まさか教祖がアソコを一人一人チェックしているわけではないよな？　気になった。

5人に1人が婚活アプリで出会って結婚

コロナ禍以降、婚活アプリは婚活ツールのメインストリームになった。アプリで出会って結婚するカップルは年々増えている。

２０２２年11月16日、11月22日の〝いい夫婦の日〟を前に明治安田生命が発表したアンケート結果によると、この年に結婚した夫婦の22・6％がアプリで出会っているという。５人に１人以上がアプリで結ばれた計算だ。新型コロナウイルスの感染拡大で、出歩く人は減った。感染が落ち着いてきた２０２３年春になっても、平日の夜８時くらいになると、街は静かになる。外での出会いが圧倒的に少なくなっているはずだ。

リクルートのブライダル総研「婚活実態調査２０２１」では、シングルの男女の21・8％がアプリを利用しているそうだ。

長い間、結婚にいたる出会いのきっかけはほぼ三つに限られていた。同級生や部活の同期や先輩後輩など学生時代からの仲間、社内恋愛をはじめ仕事で知り合った相手、友人・

知人の紹介だ。

同じ学校に通い、同じクラスや部活に所属していれば、おたがいの人柄がわかる。一緒に働いていれば、仕事ぶりも協調性もリーダーシップもわかる。信頼できる友人・知人の紹介ならば、その友人・知人というフィルターを通過していることが安心感になる。一種の〝保険〟が機能している。

この三つでパートナーを見つけられなかった男女が頼るのが古典的なお見合いや結婚相談所だった。いまでいう婚活だ。

だから、婚活はモテない男女が集う、結婚へ向けての言ってみれば〝最終手段〟だと思われていた。婚活はパートナーを得るためにお金を使う恥ずかしい行いであり、友人・知人に知られないようにこそこそ行われていた。

2000年代後半、後輩の結婚披露宴で妙なスピーチを頼まれたことがある。新郎新婦を紹介し、仲を取り持ったという筋書きで話してほしいというのだ。

彼らは30代で、婚活アプリ（当時は婚活サイトといった）を介して出会い、結婚にいたった。そのことを親や親しい友人たちは承知している。しかし、仕事関係や親戚筋には知られたくないというのだ。婚活はまだ市民権を得られていなかった。

しかし、時代は変わった。30代以下の世代は、婚活アプリへの登録に抵抗感がない。

前述のとおり、婚活アプリでは気に入った相手に気持ちを伝え、相手が応じるとマッチング成立となる。アプリを通して、パソコンやスマートフォンの画面上で会話することができる。アプリによっては、有料のオプションでメッセージも添えられる。

南無妙法蓮華経美人には次のようなメッセージを送った。

「はじめまして。ケンスケといいます。プロフィールの〝なんでも話し合える男性〟に共感しました。僕もなんでも話し合える女性を探しています。ご自身でビジネスをされているところにも魅力を感じました。お写真の笑顔もとても素敵です。お話するチャンスをいただけませんか？　僕は本を書く仕事をしています。小説ではなく、さまざまなジャンルのノンフィクションを書いています」

翌日彼女が承諾してくれて、マッチングが成立した。

「ウッシャ！」

テンションが上がった。すぐにお礼のメッセージを送る。

「僕の申し込みをご承諾いただき、ありがとうございます！　うれしいです！　このアプリでお話して、僕に安心していただけたら、実際にお目にかかりたいです。よろしくお願いします」

婚活アプリには、ロマンス詐欺、金融商品の営業、物販、宗教の勧誘などを目的とした登録者が一定数いる。だから、自分が怪しい者でないことを示す必要がある。とはいえ「僕は怪しい者ではありません」などと言っても、よけいに怪しい者に感じられてしまう。仕事内容とか、趣味嗜好とか、ごく当たり前のやり取りを通じておたがい信用していくしかない。

「あなた、バカ？」

南無妙法蓮華経美人の次にマッチングした女性は、40代前半の外資系の会社員。大きな瞳、長い黒髪……、プロフィール写真の容姿が好みのタイプだった。

15歳くらい年下の女性とのマッチングは難しいとは思った。でも、可能性はゼロではない。実際に、20歳以上下の女性と交際したこともある。申し込むのは自由。いやなら無視するだろう——という判断は、しかし甘かった。

彼女とマッチングしてお礼のメッセージを送ると、想定外のレスポンスが届いた。

「はじめまして。なに目的ですか？　まさか還暦のかたが恋愛目的で15歳年下の女性に接近はしないと思い、聞いてみました」

こちらの期待とはまったく異なる反応に動揺した。

「すみません。恋愛目的です」

腰を低くして、レスポンスする。

謝る場面ではないが、卑屈になっている。

「さらにうかがいますけれど、ご自身は75歳の女性が恋愛対象になりますか？　いずれにせよ、手が届くと思われ、いい薬になりました。あなたのような人からアプローチされないように、私はもっと女を磨きます。お願いだから、同年代を狙ってください。自己肯定感が下がって傷つきます」

自分が地雷を踏んだことを確信した。

「ごめんなさい」

ただただ謝る。そんな自分に自分ががっかりさせられる。

「あなたバカなの？　容姿、収入、学歴がそれなりに高い女性が15歳年上とお付き合いするなどありえません」

容姿、収入、学歴がそれなりに高い女性、と自分で言えるとはなかなかタフだ。それ以上レスポンスする気力はなかった。

この〝あなたバカなの？〟のメッセージの直後、彼女からはアプリでのメッセージ交換をブロックされた。こちらを罵倒したいがためのマッチングだったのだ。このジジイに厳しく指導してやらなくてはと思ったのだろう。

婚活アプリにはいろいろな人がいる。若い人もいれば、高齢者もいる。容姿に恵まれた男女もいれば、そうでない男女もいる。貧しい人もいれば、贅沢な人もいる。現実社会の縮図といっていいだろう。

贅沢な生活がマストの女性

「私はバブル期を体験した世代で、主人も会社経営でしたので、なかなか贅沢者です。大丈夫でしょうか？」

こんなメッセージをマッチング成立後に伝えて来た女性もいた。年齢は50代半ば。婚歴は一度。夫には先立たれている。

仕事はダンス教室を主宰しているというが、それがどのくらいの収入になるのか、見当がつかない。プロフィール写真は、ブラウン系のロングヘアーで品のある笑顔だった。

「贅沢にもさまざまなレベルがありますが、高価なワインを次々と空けるタイプでしょうか？」

こちらから質問してみた。

「一人では空けませんよｗｗ」

なるほど。次々とは空けないけれど、高いワインは好きなようだ。

続けて聞いてみた。

「フライトはファーストクラスで、ホテルはザ・リッツ・カールトンとか？」

「私、旅行は一年に2回は海外に行きたがります。フライトはファーストでなくてもかまいませんが、日系のビジネスクラスより下は体調を崩します。クルマはずっと外国車で、ベンツが好きです。それから、キラキラしたものが大好きです」

このあたりで撤退を決めた。

「大変心苦しいのですが、僕の手には負えないとわかりました。残念ですが、あきらめます」

「はい。ありがとうございました」

「ふさわしい男性とめぐり会えることを願っています」

これで、ジ・エンド。

婚活アプリに彼女にふさわしい男性がいるとは思えない。そんな男はふだんの生活のなかでパートナーと出会っているはずだ。もしアプリ内にいたとしても、営業をはじめ婚活ではない別の目的があっての登録だろう。

前途多難

そうかと思うと、お金よりも本能優先の女性もいた。

40代後半の看護師さんとマッチングしたら、その日にはもう会いたいという。こちらもうれしくなり、都内で食事をした。彼女には一度婚歴があり、子どもは二人。どちらも成人しているという。

食事の後、送ってほしいと彼女に言われた。こちらはクルマで移動していた日だった。彼女の自宅は近いらしい。気持ちよく応じた。

ところが、駐車場でクルマに乗ったとたん、助手席からガバッと抱きしめられ、ブチューッと唇を吸われた。

「ちょっと、ちょっと待ってください！　心の準備も身体の準備もできていません」

とっさに唇を離し、抵抗を試みる。しかし、許されない。

「いやなの？」

「いやではありません。光栄です。でも、次にしませんか……」

言い終わらないうちに、またブチューッときた。今度は舌を入れてくる。困ったことに、気持ちよくなってきた。

それを察知した彼女の手がこちらの股間に伸びる。

「準備できてるみたいですよ」

彼女がにっこり笑う。こちらは言い訳もできない。

そんなやりとりをしているうちにシャツのボタンをはずされた。

「あああ……」

「なにが、あああ、よ」

彼女が今度はケラケラ笑う。そして、シャツのボタンをはずされていく。

暗いとはいえ、広い駐車場には、ほかにもたくさんクルマが停まっている。人影もある。

さすがに恥ずかしい。

「やっぱり次回にしませんか……」

「意外と意気地ないんですね」

「はい。小心者です」

そこでやっと許された。

びっくりした。食事をしているときは、そんなふうに攻めてくる気配はまったくなかった、と思う。

婚活アプリはエキサイティングだ。そして、前途多難だと思った。

新山千春、鷲見玲奈、渡辺直美……が次々とアプリ利用を告白

2022年9月、タレントの新山千春が13歳年下の一般男性と交際していることをテレビ番組で告白した。恋人とマッチングアプリで知り合ったという事実が出演者や視聴者を驚かせた。

新山は2014年に元プロ野球選手だった前夫と離婚。38歳になった2019年に、13歳の娘の後押しで恋人探しをスタート。海外のアプリでその13歳年下の男性と知り合って交際を始めた。海外のアプリを選んだ理由は、自分がタレントだと知らない人と出会いたかったから、と語っている。

婚活アプリには彼女のような著名人も登録している。実際に多くの女性タレントがメディアを通してカミングアウトしていた。

婚活や恋愛相手探しでマッチングアプリの利用を打ち明けた著名人は、フリーアナウンサーの鷲見玲奈、モデルの梅宮アンナ、タレントの渡辺直美など。彼女たちはアプリの利用体験をテレビ番組で語った。

渡辺は2014年にニューヨークに短期留学。この時期に実名でアプリに登録したという。筆者もニューヨークにいた時期があるが、アメリカでは日本よりもずっと早くからマッチングアプリはスタンダードだった。国の面積がだだっ広く公共交通機関も行き届いていないので、インターネットで相手と交流する手段が急速に発達した。

ブロガーの桃も35歳のときにアプリで出会った6歳年下の男性と結婚。

著名人が次々とアプリの利用を打ち明けたことによって、もはや婚活ではスタンダードになっていることが広く知られるようになった。

女優ともアナウンサーとも出会う

新山千春や鷲見玲奈ほどメジャーではないが、筆者も実際に婚活の場で女優やアナウンサーと出会ってきた。

ある大手結婚相談所では、日本のメジャーな劇団の元女優とお見合いをした。主役クラスのかたで、退団後はシンガーとして活動をしていた。歌い続けることさえ認めてくれればあとは何も求めないとおっしゃっていた。

婚活パーティーでは、Vシネマのヒロインとして活躍していた女優や某局アナウンサーや某局元アナウンサー、劇団やテレビで活躍していた女優とも出会った。

局アナは当時30代後半。甘いものに目がなく、ラグジュアリーホテルのスイーツブッフェに3回も誘われた。

彼女は毎回ケーキを20個くらい食べる。見ているだけで胃がもたれてくる。それでもとても均整のとれた体形を維持していた。理由を聞くと、パーソナルトレーナーのもと一日おきに3時間のトレーニングをしていた。そこまでしても、スイーツを食べ続けたいらしい。脳の中枢のどこかが壊れているのかもしれない。

また、元局アナは当時40代後半。二度食事をともにし、その席でR&Bのライヴを観に行く約束をした。しかし、日が近づき連絡してもレスポンスがない。そしてライヴ前日断りのLINEが届いた。

「しつこいです。もう連絡しないでください。無理です」

いきなりの拒絶。

「失礼しました。もう連絡はさしあげません」

しかたがないのでLINEで謝って就寝した。すると翌朝、驚愕のLINEメッセージが届いていた。

「連絡すんなって書いてあんの読めないのかよ。老眼鏡つけとけよ。てめーからLINEくるだけでゾッとして不眠になるわ。クソ老人！」

スマホの画面を見て、自分の目を疑った。大人の女性が書いた文とは思えない。

ヌード写真を送ってくれる元女優

劇団やテレビドラマで活躍していた40代前半の元女優とは、半年ほど交際した。彼女は婚歴2回だが、婚歴なしと偽り、さらに年齢も8歳下に偽り、婚活をしていた。積極的で、毎日電話をくれる。「かわいいでしょう！」と写真も送ってくる。彼女自身の写真だ。容姿に自信があるのだろう。

内容は徐々にエスカレート。やがてセミヌードも送ってくるようになった。湯煙のバスルームの鏡に映る自撮りだ。大切なところは手で隠している。こういうアプローチをされ、欲望が爆発した。

しかし、交際は長続きしなかった。こちらにエキセントリックな彼女を許容するキャパシティがなかった。毎夜電話があり、着信に気づかないと、激怒された。

「こんなにきれいな私が付き合ってあげているのに、なんでもっと夢中にならないの！」

毎日責められて耐えられず、別れていただいた。

このセミヌード女優とは、婚活アプリ内で再会する。プロフィール写真が替わっていたので彼女とはわからず申し込んだら、マッチングが成立したのだ。

「お久しぶりです」

彼女からのメッセージに怯えた。仕事上の知り合いの女性だと思ったのだ。

「ご無沙汰しております」

相手の正体もわからないまま、レスポンスした。

「私、わかりましたか？」

パソコンのズーム機能で拡大し、彼女だと気づいた。

「はい。変わらずおきれいなので、つい申し込んでしまいました」

取り繕った。

「やっぱりね」

彼女は変わらず、自信満々だ。懐かしくて申し込んでしまったと言い訳をして、直接の対面をせずに撤退した。やりとりのなかで、彼女が婚歴3回になったと知った。

以前婚活関係の本を書いたとき、プロモーションで出演したラジオ番組のアシスタントの女性も婚活アプリやパーティーを利用していると話していた。30歳くらいだろうか。童顔でかわいらしかった。モテそうだけど、一年以上恋人はいないと打ち明けられた。

ラジオ番組ではCMや音楽を流す時間があり、マイクはOFFになる。そのとき彼女に、いい婚活ツールを選ぶコツなど、質問攻めにあった。

婚活には楽しいこともある。心を痛めつけられることもある。エンタテインメントだ。女優やアナウンサーのようなふだんの生活では接点のない女性と知り合える。うまくいけば二人で食事もできる。さらにはセミヌード写真も送ってもらえる。深い関係にもなる。

こういう状況が婚活中毒者を増やす。

初期の婚活アプリでモデルやCAとイチャイチャ

婚活アプリに話を戻そう。

初めて筆者がネットの婚活にトライしたのは2000年代だった。40代の後半だ。当時はまだ婚活アプリとはいわず、婚活サイトといっていた。そのなかの大手インターネット会社が主催するサイトに登録した。

2020年代の婚活アプリは、登録者のほとんどがプロフィールに自分の写真をアップしている。写真のない登録者はなかなか申し込まれない。男女にかかわらず、容姿のレベルにかかわらず、顔のわからない相手と話すのは不安だ。

しかし、初期の婚活サイトは、プロフィールに顔写真をアップしない登録者が多数派だった。身長や体重などわずかな情報からイマジネーションを働かせて、アプローチするしかない。自分自身も顔写真はアップしていなかった。身バレを恐れた。

顔のわからない相手との対面はいろいろな意味で怖い。まったく好みでない相手の可能性は大きい。美人局にも遭うかもしれない。でも、なにもしなければ出会えない。リスクを取り、勇気を振り絞り、自分の運を信じて、女性にアプローチしていた。

そんななかに、大手化粧品会社のCMに出演していたモデルがいた。写真はなかったが、好きな映画や音楽が同じだったので、話が合うと感じて申し込んだのだ。

ネットを通して何度もやり取りをして、おたがい信用できたタイミングで対面すると、細身でとても美しい女性が現れた。彼女は30代半ばで、婚歴が一度。子どもはいなかった。年配の女性向けの化粧品会社のモデルの仕事をしていると言った。

会話は盛り上がり、楽しい食事になった。帰り際にまた会いたいと言うと、厳しいリクエストをしてきた。

「私とつり合いがとれるように、一週間であと3キロ体重を落としてきて」

条件を提示された。〝私とつり合いがとれるように〟という言葉がリアルだ。

「えっ、3キロも!」

「そう、3キロ。大丈夫。食べなきゃ落ちるから。私はしょっちゅうやってるわよ」

一般社会の恋愛と同じように、〝婚活村〟でも容姿のいいほうが優位に立つ。

「3キロ落としたら、キスさせてくれますか?」

子どものようなお願いをした。

「きっちり3キロ落としてきたら、キスのもっと先もいいよ」

想定外の答えが返ってきた。十分すぎるご褒美だ。

「絶対に落とします！」

気をつけの姿勢で誓った。

3日断食して3キロ落とし、交際にこぎつけた。約束通り一緒にお泊りした。彼女の身体には体脂肪がほとんどなく、まるで舞踏家とイチャイチャしているようだった。モデルという仕事も大変だと知った。

40代前半の日系の航空会社の客室乗務員ともマッチングした。彼女は当時の婚活サイトでは珍しく、顔写真を堂々とアップしていた。写真の顔は美しく、明るく笑っている。もちろん即OKして二人で食事をした。

その帰路、タクシーの中で誘われた。

「今日、してもいいよ」

からかわれていると思ったが、本気だった。彼女はアプリを通してすでに10人と会い、相手を気に入ったらベッドで試すらしい。

「そのなかで、私にブスッと刺した男は3人かな」

言っている意味がすぐには理解できなかった。

「だからさあ、アソコにブスッと刺されちゃったって、こ、と」

彼女の表現は個性的で、地頭のよさが感じられた。

ホテルに入ると、誘われた理由が判明した。彼女はM。自分と身体の相性が合うSの男性を探していた。それまで知らなかったが、MにもSにもハードとソフトとがあるらしい。ソフトなMはハードなSのプレイは耐えられない。ハードなMはソフトなSではもの足りない。

彼女はソフトなMで、相手もソフトなS、あるいはSの素質がある男を求めていた。ところが元彼はハードなS。毎回モノを喉の奥まで突っ込まれて、呼吸ができなくなった。窒息するかと思っていた。だからまずベッドで試し、身体の相性がよかったら交際に進むという。

「さんざん清い交際をしてから夜の相性が合わないってわかったら、時間がもったいないでしょ」

彼女はきっぱりと言った。

しかし、筆者は〝不合格〟だった。ノーマルなので、彼女のさまざまなリクエストに対応できなかったのだ。髪を鷲づかみするようなワイルドな攻めは上手にやれず、彼女の指導のもとに試みた言葉攻めも、すごみを出せなかった。

「ごめんね……」

ベッドの上で正座をして頭を下げた。下腹部では〝わが子〟も、申し訳なさそうに頭を下げていた。

彼女とは空が明るくなってきた朝、ホテルの最寄り駅で別れた。

婚活アプリ犯罪史

アプリがいよいよ婚活のスタンダードになってきたのは2010年代後半に入ってからだ。さらに婚活のメインストリームになったのは、新型コロナウイルスの感染拡大で緊急事態宣言が発令され、自宅から出づらくなってからだ。

それまではアプリにリスクを感じている人が多数派だった。アプリ（「婚活サイト」などネットを利用する婚活も含む）利用者の犯罪が目立ったことも理由の一つだろう。

2007年から2009年にかけて、当時33歳から35歳だった木嶋佳苗容疑者による首都圏連続不審死事件は連日報道された。千葉県松戸市の自営業の70歳男性が自宅の浴室で謎の死、東京都青梅市の53歳会社員が一酸化炭素中毒死、千葉県野田市の80歳男性が一酸化炭素中毒死、東京都千代田区の41歳会社員も一酸化炭素中毒死。木嶋容疑者はこのほかにも死亡時期が明確ではない2名の男性を殺害している。

この事件で木嶋容疑者が男性と知り合う手段として使っていたのが婚活アプリだった。そのため「婚活連続殺人事件」とも言われている。彼女は性の奥義を極めようと努力をし、その技術で男を夢中にさせた。

2012年には埼玉県行田市で、当時42歳無職の伊藤早苗容疑者が67歳の男性の首を包丁で切って殺害。容疑者は被害者から約1000万円借金をしていたが、二人が出会ったのも婚活アプリだった。

2015年には婚活アプリで知り合った42歳会社員の石崎康弘容疑者と25歳無職の手面真弥容疑者が21歳の女性を殺害し、預貯金の800万円を引き出した。このお金は被害者が独立開業のために蓄えていたという。

このような報道によって、社会はアプリへの警戒心を強めた。

コロナで高まった世の中の結婚願望

マイナスのイメージが強かった婚活アプリの潮目が変わったのは、2020年の新型コロナウイルス感染拡大だった。突然の疫病の蔓延で、一人で暮らす寂しさからシングルの結婚願望が高まった。

ブライダル総研による「婚活実態調査2020」内「新型コロナウイルス感染症による恋愛・結婚意向の変化」(以下同)の調査結果によると、コロナ禍で最初の緊急事態宣言が発令された2020年3~5月、シングルの37・5%が「恋人がほしい意向が高まった」と回答している。そして、41・6%が「いずれは結婚したい意向が高まった」とも回答。つまり、シングルの男女の10人に4人が、コロナをきっかけに結婚したいと考えるようになっている。

「誰かと暮らしたい」

「一生一人で暮らすことになりそうで不安」

このようなシングルの思いは強くなるばかりだった。

やはりブライダル総研の調査では、シングルの4人に1人は、結婚相談所、婚活パーティー、婚活アプリなどを体験しているという。

しかし、外出自粛の社会に出会いはない。そんな状況で自宅にいながらにしてパートナーを探し交流できる婚活アプリの需要は高まった。

大勢が集まること、対面で話すことは憚られ、マスク着用で顔を半分近く隠しての生活が日常になり、婚活パーティーや結婚相談所のお見合いが難しくなったことで、それらの利用者もアプリへと流れた。

婚活アプリのベースとなるインターネットの利用数も上昇している。

コロナ禍前の2019年の時点でスマホの世帯保有率は83・4％、パソコンの保有率が69・1％。コロナ禍真っ只中の2021年はそれぞれ88・6％と69・8％になっている（以上・総務省調査）。インターネットの端末利用が年々増えていることも、婚活アプリ利用者増の原因となっているだろう。

39、49、59歳は〝婚活発情期〟

「はじめに」で書いた通り、筆者も一人暮らし。32歳で結婚。33歳で離婚。その後28年はずっとシングルで還暦を迎えた。生活は毎朝起床してすぐにパソコンで原稿を書き始め、一人で食事をして、また原稿を書き、夜は食事をしてまた原稿。

食事は還暦を迎えてから改善したが、長い間ろくなものを食べていなかった。レトルトカレーやカップ麺ばかり。ビタミンはサプリメントと市販の青汁ドリンクで補給していた。

仕事の連絡はメールやＬＩＮＥが主。とくにコロナ禍は誰とも会話を交わさない日も多く、ちょっとしたシェルターにいる気分だった。

そんな生活の就寝前30分ほどが婚活タイムだ。交際を申し込んだ女性とマッチングが成立していないか。マッチングした女性からメッセージが届いていないか。そんな期待で童貞の中学生に戻ったように気持ちを高ぶらせ、パソコンやスマートフォンで婚活アプリを開く。

40歳、50歳、60歳……。人は年齢の節目が近づくと結婚を意識する。39歳、49歳、59歳は〝婚活発情期〟だ。このまま一人で40代を迎えるのか、50代を過ごすのか――と、あせる。食事の後に駐車場でいきなりブチューと来た看護師さんもきっと婚活発情期だったのだ。

筆者も40代の後半に猛烈に婚活を行った。婚活パーティーに通い、婚活アプリも利用し、成果が上がらずに50代に突入した。

再び婚活アプリに時間とエネルギーを注ぐようになったのは、頭にも鼻の穴にも下腹部にも白い毛が目立つようになった50代後半だ。

生涯一人か――。

60歳という節目を目の前に不安になった。50代半ばは、シングルであることをそれほど意識していなかった気がする。60歳を目前にしたこと、コロナ禍で自宅にこもる時間が増えたことが引き金になり、婚活アプリの登録を決めたのだ。

第2章 アラカンでも出会える婚活アプリ

登録者数の多い婚活アプリを選ぶ

婚活アプリを利用するにあたっては、どの会社のアプリに登録するか——が重要だ。優良アプリはどれか、自分に向いているのはどれか、最初はさっぱりわからなかった。そもそも、婚活アプリと出会い系マッチングアプリとの違いもわからない。

まず、ネットで調べた。すると、優良婚活アプリを4社とか5社とかあげて長所短所を箇条書きにしているサイトがいくつもあった。信用できそうだった。どのサイトもたいがいは同じアプリを選んでいる。ベスト3はほぼ同じだったので、そこから選ぶことにした。

ネット情報を見る上で、それが信頼できる情報かどうか、筆者は執筆者で見分けている。匿名のサイトはとりあえず信頼しない。無責任なことが書かれている。記事に署名があり、プロフィールがあり、さらに書き手の顔写真がアップされている記事を信頼する。内容に関する責任の所在が明確だからだ。

優良ではないマッチングアプリ、たとえば売春の温床になっているようなものはすぐにわかった。無料の仮登録をすると、即、女性登録者が露骨に誘ってくる。

「気持ちイイ関係目的で会おうよ。私は準備ＯＫだから、都合を教えて。いつでも発射できる?」

「お兄さん今彼女いる？　性欲強めで、ちょっと変態入ってる私だけど、需要ある？」

こんなメッセージを送ってくる。たいがいは写真付きだ。かなりかわいい。胸の谷間を強調した露出度の高い服装で、つい見入ってしまう。寂し過ぎると、こういうアプリに登録してしまうのかもしれない。

結局、複数のサイトが勧めている婚活アプリにいくつか登録し、反応のいいもの、つまり女性と出会えるものを続け、反応のよくないもの、つまり女性にあまり会えずコストパフォーマンスの低いものはやめることにした。

婚活アプリの選択では、次のことがわかった。

①登録者数の多いアプリを選ぶ。

どれか一つを選ぶならば、よけいなことは考えずに、登録者数が多いアプリにするべきだ。登録者が少なければ、当然出会いも少ない。会えない。知り合いが運営するマイナーなサイトにも登録したが、会えなかった。会員が少ないからだ。そういうアプリは、会員の数よりも質だと主張しがちだが、それはうそだ。数が大切。

②他社と比べて会費が安過ぎるアプリは避ける。

会費が安いアプリには、その会費に見合う男女が登録している。婚活にコストをかけないという判断が働いているので、真剣度は低い。

③他社と比べて会費が高過ぎるアプリも避ける。

会費が高過ぎる、つまり単価が高いアプリは、登録者数が少ない可能性が高い。単価を上げなくてはビジネスとして成立しないからだ。他社よりも運営コストがかかっている。たとえば、質の高い男女が登録していると装うためにサクラを雇用していると、その人件費分が会費に含まれる。

④プロフィール写真がきれいなアプリを選ぶ。

アプリの質の高さはプロフィール写真に反映される。上質なアプリは画像の解像度が高く、写真が美しい。だから、男女とも魅力的に感じられる。一方、解像度が低いと、画像が粗いので、実際よりも肌が荒れて見えたり、顔色が悪く見えたりする。つまり、自分の評価が下がる。

以上の四つを意識すれば、大きな間違いはおかさないだろう。

経済的に余裕があるならば、複数のアプリに登録してみるべきだ。選択肢が広がる。ただし、とくに女性は会費が安かったり無料だったりするため、複数のアプリに登録しているケースが多く、同じ顔やプロフィールをあちこちで見ることにはなる。

プロフィールで本気度を示す

「アラカンにもなって婚活アプリに登録するやつなんているのだろうか？」

そんな不安が登録する際は頭の中をよぎった。しかし、杞憂に過ぎなかった。同世代がたくさん登録していたのだ。

登録はかんたんだ。アプリのガイダンスに従って、まず、クレジットカードで会費を支払う。1か月、3か月、6か月、1年など選択肢があり、その中から選ぶ。長ければ、それだけ割安になる。だからといって、長期間会員でいたくはない。できるだけ早くパートナーを見つけて、一緒に退会したいのが正常な感覚だろう。

とはいえ、1か月で相手を見つけて退会できると思うほどうぬぼれてはいない。それなりに苦戦は覚悟しているので、3か月コースを選んだ。会費は1万円弱。1か月に3000円台になる計算だ。

登録作業を終えて会費の支払い手続きが済むと、今度はプロフィールを記入していく。名前、年齢、職業、学歴、居住都道府県、出身都道府県、体型、飲酒や喫煙の習慣、おおよその年収、希望する女性のタイプ……などを打ち込んでいく。

すべて正直に入力した。もし女性と交際できたとして、嘘をついていると、どこかで訂正しなくてはならない。あるいは嘘に嘘を塗り重ねていかなくてはならない。

必要な項目をすべて打ち込んだら、本人証明を送信する。運転免許証やパスポートなど、顔写真付きの公的証明書をスキャンするかスマホで撮影して送信すればいい。

すると、アプリの会社が審査に入る。間違いなく本人か、記入に嘘がないか、クレジットカードに問題がないか……などをチェックするのだろう。

独身証明書や卒業証明書や収入証明書の提出は求められなかった。つまり、妻帯者でも登録できる。学歴や年収を偽ることもできる。審査は半日から一日。審査が通り晴れて会員になった。

プロフィールには、自己PRと写真掲載のスペースがある。どちらも重要だと思った。

自己PRは、本気でパートナーを求めていることを書いた。独身証明書の提出を求められないからには、妻帯者やナンパ目的の男は一定数いるはずだ。疑われないためにも、本気度を示す必要があると考えた。

趣味は具体的に書いた。好きな映画のタイトル、好きなミュージシャン、好きな作家、好きなスポーツ、ジムに通っていること、健康であること……などだ。

ただし、ちょっと特殊な趣味は書かなかった。たとえば、格闘技系だ。筆者は一時期ボクシングをよく会場で観戦した。そういう好みは伏せた。格闘技を野蛮だと思っている女性は少なくない。プロ野球も観戦する。阪神タイガースのファンだ。それも書かなかった。読売ジャイアンツファンの女性から理解は得られないからだ。かつて、ジャイアンツファンの女性と短期間交際した。プロ野球のことで、頻繁に険悪な状況になった。筆者は「阪神バカ」と罵倒された。

プロフィール写真は必須。人は顔のわからない相手とは会わない

写真は任意だ。掲載してもしなくても本人次第。2000年代、まだ婚活サイトといっていた時代は写真をアップしない女性が多かった。男性もまだ少なかったと聞いている。

登録していることを知り合いに知られたくなかったからだ。偏見があった。

しかし、2020年代の婚活アプリは、顔写真の掲載がスタンダードだ。婚活アプリに登録することが、社会的に理解を得られるようになっている。婚活アプリの利用が珍しくなくなっている。男性だろうが、女性だろうが、たとえアプリを通してだったとしても、顔のわからない相手と交流したくないのがふつうの感覚だろう。そもそも別人が来ても判断できない。

ただし今も大手金融に勤めている人は、上司や同僚に知られると、なにかしら社内的に不利になるかもしれない。教師も生徒の保護者に知られたら学校にクレームが来るかもしれない。

最初に登録した婚活アプリに掲載できる写真はメインが1点。サブが5点までだった。メインは、スタジオでプロのフォトグラファーに撮影してもらったカットを選んだ。自分の著書のプロフィールに使っている正面からのカットだ。きちんとライティングして、きりっとした表情をつくっている。

サブはあえてスナップを使った。仕事をしている姿だ。気づかないうちに撮影されていたカットが2点。1点は顔の右側から。もう1点は顔の左側から。

写真は重要だ。女性も、男性も、相手の顔を見て、さまざまなことを判断する。やさしそうか、知性が感じられるか、清潔感があるか……などだ。プロフィールを見るときは対面前なので、写真からかなりの情報を得ようとする。

だからこそ、メインにはプロが撮影した写真をアップした。気づかないうちに撮られたスナップも実はプロによるものだ。だから、光も自然にまわっているし、構図も計算されている。表情もいいタイミングでとらえられている。

かつて結婚相談所に登録したときもプロフィール用に写真を用意した。プロに撮影してもらったカットだ。そのとき、サンプルとして、相談所のカウンセラーがほかの男性会員の写真をいくつか見せてくれた。いい例、よくない例だ。

よくないほうは、社会人とは思えなかった。髪がぼさぼさだったり、無精ひげが生えていたり、眉毛がぼうぼうだったり、自宅で部屋の中に干された洗濯物を背景に不機嫌な表情をしていたり。いいんですか？　そんな姿を女性に見られていいんですか？　女性に選んでもらいたくてお金をかけてまで相談所に入会したんじゃないんですか？　その男性たちに問いたかった。

もちろん、カウンセラーは彼らにアドバイスしたそうだ。しかし、言うことを聞かないらしい。自分のお気に入りの写真を持参しているのだ。案の定、彼らはなかなかお見合いが成立しなかったという。その理由には、もちろん写真のクオリティの問題がある。そして同時に、婚活を本業にしているカウンセラーの意見を聞かないという頭の固さが女性に受け入れられなかった。

さて、写真はあと3点掲載できた。しかし、もう手持ちの写真がなかった。ふだん自分の顔写真を撮る習慣がないのだ。新規で撮影することも考えたが、それはやめて、自分が写っていない旅先の風景写真をアップした。1点は都市。ニューヨークの風景だ。もう1点はリゾート。フロリダの風景だ。多くの女性は旅行が好き。そこで、「僕も旅行が好きです」というアピールをして共感を得ようという姑息な手段に出たわけだ。

写真をアップしたところで、婚活アプリの活動のための準備は整った。

申し込む相手を検索

婚活アプリで女性の登録画面を初めて見たときのことは忘れられない。もっとも登録数の多い大手婚活アプリの画面は圧巻だった。

こんなに会員がいるんだ！　と感動した。次から次へと交際できるのではないか、と錯覚した。しかし、もちろんそんなことはない。最初は検索条件を入力していないので、20歳くらいから70代まで、女性会員全員、つまり数万人が掲載されている。

落ち着くように努めて、自分が求める女性の条件を打ち込んだ。

最初は条件の範囲を広く入力した。年齢は40歳以上。住まいは東京、神奈川、埼玉、千葉。筆者は東京在住で、そこからあまり遠い人とは頻繁には会えない。写真掲載あり。身長は170センチ以下。自分よりも高くない女性にした。体型は細身、やや細身、ふつう、筋肉質、グラマー。ぽっちゃり以外はOKにした。職種はこだわらず。学歴もこだわらず。飲酒の習慣もこだわらず。喫煙の習慣はちょっと迷ったけれど、こだわらず。出身地もこだわらず。年収もこだわらず。婚歴もこだわらず。子どもについては迷った。子どもの年齢や性格や親との関係性によると思った。でも、マッチングする可能性を高めるために、検索の段階では、子どもありも条件に加えた。

以上の条件で検索のアイコンをクリックした。それでも、1万人くらいの女性のプロフィールがずらり。すごい。写真をながめるだけでも楽しい。

しかし、よく見ると、女性は必ずしも自分の顔写真をアップしているわけではない。どこかの高級レストランの肉や魚介の写真や旅行先の海や山の写真、ペットの写真をアップしている登録者が多い。意図がわからない。犬や猫は筆者も好きだ。どちらも実際に一緒に暮らしていた。しかし、犬や猫と結婚したいわけではない。犬猫を自分の顔の替わりにアップしているのはなぜだろう。

後ろ姿や大きなマスクで顔を隠している女性もいる。身バレを恐れているのだろう。身バレが困る業種や職種はある。教師や芸能人は本人であることを特定されると、仕事によくない影響を及ぼすかもしれない。

どうかと思ったのは、自分は顔を見せず、それでいて相手には顔写真のアップを求めている人たちだ。

「顔写真のない人は怖いので、マッチングいたしかねます」

そんなふうに書いている。

自分の顔は見られたくない。相手の顔は見せてほしい。それは、フェアではない。さあ、どの女性から申し込もうか。わくわくした。写真のある女性の全員がオイデオイデしているように感じた。

婚活アプリによっては、プロフィール画面を見れば会員の人気度がわかるようになっている。それまでに申し込まれている数が表示されている。1か月間に20人とか、30人とか、なかには「500人以上」と表示されている女性もいた。500人にアプローチされるのはいったい、どんな気分なのだろう。一日だけでいいので、体験してみたい。

男は大きな胸と従順さに弱い

婚活アプリでプロフィールを眺めていると、人気のある女性に共通点があることがわかった。

それは次の通りだ。

①笑顔の写真をメインにアップしている。

笑顔は無敵だ。普遍的な魅力ではないだろうか。顔がきれい系でも、怒っているような表情には〝票〟が集まらない。

②実年齢よりも若く見える。

男は単純に若い女性が好きだ。婚活アプリの場合、女性の年齢が高くても、もっと年上の男性からは好まれる。ただし、写真で見て、40代なのに50代以上に見えるよりも、30代に見えたほうが好まれる。おそらく男も同じだろう。

③露出の多い服を着ている。

写真で露出の多い服装の女性は、それだけで人気が高い。冬服よりも夏服のほうが好まれる。水着の写真の女性は大人気だ。男は単純だ。

④バストが大きい。

ニットを着て横向きのバストの大きさがわかる写真、胸の谷間が見える写真をアップしている女性は人気が高い。また、プロフィールに「グラマー」と書いている女性も好まれている。

⑤従順そうに見える。

令和の時代でも、多くの男はいばりたいと思っているのか、従順そうな女性は人気。

このように、残念ながら男の場合ほとんどは女性の写真を見て、性欲や征服欲が満たされそうな相手を選んでいることがわかった。

次にプロフィールの自己紹介文や自己PR文も読む。

「リモートワークがずっと続いて、まったく出会いがありません。このまま一人きりでどんどん歳を取ってしまうことを思うと怖くて、婚活アプリに登録しました。どなたか誠実な男性、メッセージをいただけますか」

「コロナで人と会わなくなり、孤独な夜を過ごしています。これからの人生を共有できる、たった一人の男の人と出会いたいです」

コロナ禍で、一人きりのさみしさを強くうったえる記述が目立った。新型コロナウイルスの感染拡大でシングルの男女の婚活が活発になっているのはうそではないらしい。

「友だちがアプリで知り合った男性と結婚したので、私も登録しました」

「アプリでパートナーと出会った会社の先輩に勧められました」

そんな自己紹介文も目立つ。みんな前向きだ。モチベーションが上がった。


婚活は営業と同じ。大切なのはアプローチ数

婚活アプリに登録したときは、新型コロナウイルス感染拡大の真っ只中。アラカンの筆者は、苦戦を覚悟しての参戦だ。

しかし、思いのほか、アプリでの婚活は順調に進んだ。次々と女性に会えた。

まずスタートして1か月目は、女性から毎日申し込まれて驚いた。サクラかと思った。アラカン、バツイチ、収入が不安定なフリーランス、デカ顔、低身長……でも、婚活市場で需要があったのだ。

申し込みが複数来た理由は後にわかった。登録したばかりの〝新人〟は多くの男女がチェックしている。

みんな真剣に婚活している。毎日ウェブサイトを開き、誰かいい人はいないか、プロフィールをチェックしている。会員の顔はどんなに多くても、そのほとんどが頭にインプットされている。だから、新しい登録者に敏感に反応するのだろう。

登録して日が浅い男女はまだライバルが少ない。マッチングの確率が高いから、どんどん申し込まれるのだ。

アプリに登録する写真は身なりに気を遣った。清潔感を心がけ、襟のある白いシャツにダーク系のジャケットをはおった。笑顔も心がけた。プロフィールの自己紹介文には本気でパートナーを求めていることを明記した。そのあたりが総合的に女性に評価していただけたのではないだろうか。

もちろん、自分からも片っ端から申し込んだ。なにしろアラカンだ。断られて当たり前。当たって砕けろ、の精神だ。

婚活は営業活動に近いと思った。アプローチする件数が大切だ。たとえば飛び込み営業で、一日に10件営業をかけ、そのうち3件で契約が成立したとしよう。野球ならば打率3割。一流打者の証しだ。

一方で、一日に100件営業をかけて、そのうち10件で契約が成立したとしよう。野球ならば打率1割。ダメな選手だ。

しかし、現実社会の営業では評価は異なる。たとえ1割でも、10件の契約を獲得したほうが、たった3件よりもずっと評価は高い。率よりも獲得数のほうが大切だ。一日に100件も営業をかけたバイタリティこそが評価される。

婚活も同じ。率ではない。そもそも婚活は一人の大切な相手と出会えればいい。でもそれには、数を当たらなくてはいけない。アラカンが相手を選び抜いて100人アプローチしても、マッチングできるのは10人以下だ。そのうちアプリを通して会話が継続して会えるのは一人か二人だろう。さらに交際に進めることはほぼない。こちらにも好みはあるが、相手にも好みはある。

ただし、それは筆者のようなマイノリティの場合だ。容姿に恵まれた人、経済的に恵まれた人はもっと高い確率で出会えるし、交際できるだろう。

アラカンはとにかく、数を打たなければダメだ。分母を増やさなくては、分子も増えない。

メッセージ文より、数を優先?

婚活アプリでは、興味のある相手にアプローチとして「いいね」を送るシステムが主流だ。そのときに有料のポイントを消費する。計算したら、アプリによって異なるが、一人に付き50円から100円くらいだった。コメントを付けることもできる。150円から300円くらいだった。両方やって500円以内。

コメントを付けたほうが確率は高い、と最初は考えた。そのほうが誠意は伝わる。しかし、コメントなしとコメントあり、両方試してみたところ、マッチング率はあまり変わらないようだ。

コメントありとコメントなし、どちらがいいのか——、意見は分かれるだろう。

筆者は男なので、対象は女性になる。彼女たちは「いいね」をもらったら、一応プロフィールは見てくれる。たいがいはそこで判断する。見ない女性ももちろんいるけれど、そういう人は最初からこちらに興味がない。写真や年齢の表示で、すでに断る判断を下している。最初の段階では直感に頼っている女性が多い状況がうかがえる。だから、コメントのコストも「いいね」に使ったほうが有効と判断した。コメント1通分で、およそ3人にアプローチできる。

ただし、例外はある。プロフィールや容姿を見て、ものすごく自分のタイプだと感じた女性には、心のこもったコメントを送信した。

「こんにちは。真剣にパートナーを探しています。とても魅力を感じたので、メッセージを送らせていただきました。プロフィールとお写真から、知性や品性や清潔さを感じました。どうかお話するチャンスをいただけないでしょうか。もちろんすぐにとは申しません。このアプリでやり取りをさせていただき、興味を持っていただけて、安心していただけたら、そのときご判断いただけないでしょうか。僕は文筆業です。作家仕事をしています。ただし、小説ではありません。実用やノンフィクションの本を書いています。〇〇さんのお仕事にも興味を覚えました。いろいろ教えていただければうれしいです」

相手によって文章は変えるが、おおよそこのようなメッセージを送信した。思いつくこと、できることはすべてそこに投じる。

メッセージ文にはいくつかのポイントがある。

まず、慇懃にならない程度に、丁寧な文章を心がけた。会ったことのない相手に、友達のようになれなれしい文章にしてはいけない。

後に直接会った女性たちから聞いたのだが、最初から敬語を使わない男性は少なくないらしい。友だちのように「今度メシ行く？」と問いかけてきたり、阿呆のように「喫煙女性はノーサンキュー」と言ってきたり。そういう男性は多いそうだ。

文面には「真剣」「すごく魅力を感じた」「魅力を感じたところ」「あわてずにじっくり親しくなりたいこと」をしたためた。

ただし、メッセージを付けたからといって、マッチングに有利に働いたという実感はない。メッセージがあろうとなかろうと、相手が気に入ってくれればマッチングする。気に入らなければ無視される。メッセージ文は、思いつく限りの努力はすべてやったという自分の満足度のためだと感じている。

歩み寄れるかは、初回の対面で判断

肝心なのはどの女性にアプローチするか――だが、数打つ必要があるので、検索条件に当てはまり、写真を見て好みだったら躊躇せずにアプローチした。

それを打ち明けたら、周囲の女性は顔をしかめて言った。

「顔じゃなくて、性格で判断するべきだと思います」

おっしゃる通り。

しかし、プロフィールを見ても、性格はわからない。もちろん、かなり極端に傲慢な内容が書かれていればわかるし避ける。

しかし、社会性も常識もある大人の女子はきちんと自己紹介し、自己PRしている。そつがない。心理学の専門家でもない限り、プロフィールから性格まで読み取ることなどできないだろう。

しかし、顔はある程度わかる。単純にプロフィールにアップされている写真で判断すればいい。もちろん、何年も前に撮影した写真をアップしているケースもある。加工もされている。でも、テイストはわかる。

今は加工技術が進んでいるので、目を大きくしたり、肌をつるつるにしたり、フェイスラインをすっきり見せている女性は少なくはない。でも、それでもだいたいは判断できる。全体的に不自然だからだ。なかには、アニメや漫画のヒロインのような、人間ではありえないほど大きな目になっている女性もいる。そんな人間は実在しないので誰でも判断できるはずだ。

ただ、体験的にわかったのは、婚活アプリに限らないが、顔写真が穏やかだからといって、性格が穏やかなわけではない。逆に顔写真が厳しそうでも、性格がソフトな女性もいた。

業種も職種も異なり、まったく違うキャリアを重ねてきた男女が歩み寄ることができるかどうか、それはたいがい最初の待ち合わせで判断できる。歩み寄れないタイプは、自分の住まいや職場から行きやすい場所を指定してくる。こちらの都合など気にかけない。あるいは、たくさんいる候補の中でプライオリティが低い扱いなのかもしれない。補欠の補欠の補欠くらいの評価で、負担のない場所でご馳走になってみるか、という判断なのだろう。歩み寄れるタイプは、こちらの住まいを確認した上で、おたがいに行きやすい場所を相談してくる。

自己評価の高い女性は年下君が好き

このようなことを考慮した上でアプローチしたら、応じてもらえるかどうかは、もう相手の好み次第だ。努力は必ずしも結果に反映されない。

でも相手の好みなどはわからない。自分のほうは相手を限定しないことを心がけた。たとえばものすごく美しい女性だったとしても、こんなきれいな女性がこちらを気に入ってくれるはずはない、などと卑屈にならないように心がけた。忖度するだけ、無駄だ。

そもそもほとんどは断られるのだから、美しい人に断られて当たり前。それでも1％の可能性にかけてみる。断られたって、命まではとられない。

同じように、かなり図々しいと自覚しつつも、大学院卒や東京大学卒のような高学歴の女性にもアプローチした。大学院卒が大学院卒を求めているとは限らない。

ただ、卒業した大学名を明記している女性は避けた。アプリのプロフィールでは、ほとんどの場合、大学名の記入まで求めていない。個人情報の記入を求めるわけにはいかないのだろう。それでもあえて大学名を書く男女はいる。学歴に強い意識をもっているのだろう。

そういう女性の場合、たいがいは経済的に豊かな学生が通う東京の私立の大学を卒業している。女性の場合は、附属高校・中学・小学校のあるいわゆる〝お嬢様大学〟出身だ。学歴の低い人は私に申し込まないでくださいね、偏差値の低い学校を出ている人は申し込まないでくださいね、田舎の学校を出ている人は申し込まないでくださいね、という意思を感じた。

海外旅行好きの女性も、プロフィールをよく確認した。ブランド好きで遊び好きかもしれない。外国車が好きで、ラグジュアリーホテル好きが少なくない。このタイプは50代以上、バブル期を体験した世代に多い。若いころに享受したぜいたくな生活を捨てきれていない。

このタイプを見分けるのは難しくない。それ風の写真をアップしているからだ。海外リゾート、ラグジュアリーホテルのディナーやアフタヌーンティー、高級外国車などを楽しむ写真をアップしている。

かつて男性にちやほやされた女性たちは自己評価が高い。自分はもてなされるべきだと思っている人がいる。運悪く彼女たちとマッチングして交際することになったら、たくさんのご奉仕を求められるだろう。

自己評価が高い女性には、共通点がある。その多くが年下の男性を希望している。

「年下君が好きです」

「年下の男性のほうが向いています。若い彼にぐいぐい引っ張ってほしいな」

そういうコメントが目立つ。

「年上の男性は私には申し込まないでください」

このように明記している女性もいる。

原稿を書いている今日も、還暦目前の新規登録の女性が次のような自己PRをアップした。

「私は若く見られます。少女みたいと言われます。自分でもそう思います。甘えん坊で寂しがり屋です。実年齢を当てられたことはありません。吉永小百合さんに似ていると言われることが多いですが、どうでしょう。年下男性を希望します。年上さんはスルーします」

プロフィール写真を見たところ、年相応だ。そもそも吉永小百合は80歳に近い。もちろん美しいが、実年齢よりもはるかに若く見えるというタイプの美しさとは別の魅力だ。

年下好きはオジサンだけの特性ではない。女性も堂々と年下が大好きだ。

楽しい行事を提案しよう
さまざまトライした経験をもとに、婚活アプリで成果を上げるために心がけたことをここで整理しておきたい（49〜50ページと重複あり）。
①登録人数の多いアプリを選ぶ。
②経済的に余裕があれば、複数のアプリに登録する。
③入会金や会費が高過ぎるアプリは避ける。
④入会金が安過ぎるアプリも避ける。
⑤プロフィールはフォーマットにある項目のできるだけすべてに記入する。
⑥プロフィールは具体的に書く。
⑦プロフィールに特殊な趣味や野球やサッカーなどの好きなチームなど、アンチが多いものは書かない。
⑧女性にアプローチする場合、海外旅行や食事に興味があることを示す。
⑨ジム通いやスポーツの経験は積極的に書く。
⑩プロフィールやメッセージは、丁寧な文章、言葉遣いを心がける。

⑪顔写真は証明書的なカットと自然なスナップ、両方をアップする。
⑫できるだけ多くの相手にアプローチする。
⑬まだライバルの少ない、登録して間もない相手にアプローチする。
⑭アプローチする相手の条件を自分で限定し過ぎない。
⑮マッチングしたら、早めに挨拶のメッセージを送る。
⑯恋愛全般に共通することだが、マメに連絡をする。そうでないと、すぐにつながりは途絶える。
⑰相手に興味を持っていることを示すために、プライバシーの侵害にならない程度に質問を心がける。
⑱相手が望まない限りすぐに会おうとはせず、しかし相手が安心したときには率直に直接会いたい旨は伝える。
⑲マッチングした相手にやりとりの継続を断られたときは潔く引き下がる。
⑳最初の対面はランチやカフェの提案が好ましいが、女性が夜ご飯を希望する場合はできるだけ応じる。
㉑初対面から高価なレストランを希望する女性とは会わない。

㉒相手も複数マッチングし、見えないライバルがいる前提で活動する。
㉓相手の話によく耳を傾け、聞くことに徹する。

ほかにもさまざまなことを意識したが、ここには基本的なことをまとめてみた。相手によって、状況によって、少しずつ異なる。

２０２１年に週刊誌の婚活企画で、婚活アプリ会社、婚活パーティー会社、結婚相談所のアドバイザーに集まっていただき、筆者が進行役で座談会を行ったことがある。そのとき、それぞれの婚活ツールをどう利用すれば成果が上がるかをうかがった。

婚活アプリでは、男女とも、プロフィールが具体的で前向きな人がよく申し込まれているそうだ。

「一緒に海にドライブに出かけたい」
「山を歩きたい」
「おいしいものを食べに行きましょう」

このような楽しい行事を提案し、楽しい時間を期待させる人に人気が集まっているという。持病や直近の失恋のような悩みやマイナス要因を伝えるタイプは難しい。

また、アプリ内でのやり取りでは、もらったコメントにきちんと反応することがなにより大切だという。

アプリでは目の前に相手がいない。パソコンやスマートフォンに文字を打ち込むので、自分語りになるリスクがある。そうならないためには、質問を心がける。おたがいが質問し合えば会話は続き、相手に親近感を覚える。

アプリ内の会話で会うタイミングをつかみそこない、延々と会話が続いてしまう男女もいるらしい。なかには一年以上アプリでやり取りしている男女もいるそうだ。もはや婚活ではなく、文通レベルだ。

不自然な日本語のアプローチは詐欺を疑う

アプローチされる場合もアプローチする場合も、勧誘には十分に気をつけなくてはいけない。婚活アプリには投資の勧誘、ロマンス詐欺、なにかしら商品の営業、宗教の勧誘、パパ活・ママ活の誘い……などはけっこういる。

男女ともっとも目立つのは投資の勧誘だ。20歳くらい年下や、モデルのように美しい男女からアプローチされても、単純に喜んではいけない。そんな相手が申し込んでくるはずがない。たいがいは投資の勧誘、あるいはロマンス詐欺だ。

ロマンス詐欺とは、アプリを通して交際の約束や結婚の約束をして、金銭を求めてくる詐欺のこと。多くの場合、相手は外国人、あるいは帰国子女だといってくる。しかし、実在しないケースが多い。インターネットから適当に選んだ容姿のいい写真をプロフィールにアップしている。

モデルやタレントのような美しい男女からアプローチされたら、疑わなくてはいけない。自分自身が同じように美しい容姿でない限りは、超ハイレベルの相手に好かれるはずはない。そんなにモテるならば、アプリに頼らなくても日常生活でいくらでも相手を見つけられているはず。モデル級に美しい男女が婚活アプリに登録していることがそもそも不自然だ。

投資の勧誘やロマンス詐欺の男女には、次のような特徴や傾向がある。

①アルファベットや平仮名のランダムな羅列、「まりこ」「まさこ」「けんじ」などどこにでもいそうなハンドルネームを使っている。

②マッチング後すぐにLINE IDの交換をはじめ直接の連絡ツールでのやり取りを

求める。
③マッチング後すぐにアプリの登録を抹消する。
④日本語が不自然。通訳アプリのような文章。「私は海外で育ったので日本語が上手ではなく、ごめんなさい」といった言い訳をするケースも多い。
⑤アプリ会社が用意している定型文を引用している。
⑥プロフィールに書かれている趣味に具体性がなく、さしさわりのないものばかり。映画やドラマのタイトル、書籍名、アーティスト名などは書かれていない。
⑦マッチングすると、会ってもいないのに、「お会いできてうれしいです」というメッセージが来る。フォーマットがあるのだろう。
⑧マッチング後は、昼でも、夜でも、一日中連絡が来る。

以上の八つのうち一つでも該当したら、投資の勧誘やロマンス詐欺を疑うべきだろう。⑦の「お会いできてうれしいです」というメッセージが届くと、また詐欺かよ、とがっかりする。LINEのIDを交換してやり取りをすれば、数日のうちになにか金銭的なものを求めてくるはずだ。

自分を過大評価しない

婚活を行う上での基本的な心構えとして、自分を過大評価してはいけない。オジサンやオバサンに20歳も若い男女が交際を求めてくることはない。そういうアプローチがあったら、何かよこしまな目的があると思って間違いない。それを十分に認識しておくべきだ。

とはいえ、筆者自身は、20代、30代のモデルのように美しい女性から申し込まれ、最初は無邪気によろこんだ。即マッチングした。すぐにＬＩＮＥ ＩＤの交換を求められて、直接やり取りを始めた。まんまと罠にはまった。

やがておかしな日本語でメッセージが来た。

「あなたの資料、素晴らしいです」

そんなメッセージが来る。

「資料」ってなに？　おそらくプロフィールのことなのだが、通訳ソフトが「資料」と変換しているのだろう。

「私、シンガポールで育って、昨年日本に帰ってきました。だから、日本語が下手です。許してくれますか？」

「もちろん大丈夫です！」

なんの疑いももたずにレスポンスした。バカ丸出しだ。

頼みもしないのに、彼女たちは水着姿の写真を送ってくる。このあたりでやっと、なんだか変だなあー、と思いながら、でもうれしい。

やがて、投資の話をしてきた。自分はそんなに働いていないけれど、経済的には豊かだと言ってきた。それは投資が成功しているからだという。

「あなたのお金も運用してあげます」

そんなことを言う。さすがに危険を感じて断った。すると、連絡が来なくなった。

筆者は懲りないし、学習能力も低いので、美しい女性からアプローチされると、またすぐにマッチングした。

すると、また同じようなやり取りが始まる。露出の多い写真を送られウハウハする。また、投資を誘われ、断り、連絡が途絶える。1か月くらいはそんなことをくり返した。学習しない自分に自分であきれたが、そういうバカなやり取りをしていることが楽しかった気もする。たぶん相手は男で、WEB上で見つけた美しい女性の写真を使っていた。

ロマンス詐欺被害者の証言

マッチングアプリでは、ロマンス詐欺の男と出会ったアラフィフで東京都下に住む女性とも出会った。

ロマンス詐欺男は自称57歳の自営業。昭和の俳優のような雰囲気だったという。そして、初対面のカフェで猛烈に口説いてきた。

「僕のパートナーはあなたしか考えられない。ともに人生を歩きたい。一緒にアプリをやめましょう」

そう言われて、彼女はすっかりその気になった。

二度目にランチをしたときは、パールのネックレスをプレゼントされた。

三度目のディナーでプロポーズを期待した彼女は、プレゼントされたネックレスをして出かけた。

しかし、彼は妙なことを頼んできた。

「今日仕事関係の相手に50万円を振り込まなくちゃいけないのに、財布を忘れてしまった。50万円貸してもらえないだろうか」

しかし、キャッシュで50万円など持ち歩いていない。

すると、彼はさらに頼んできた。

「ATMで降ろしてくれないかな」

50万円は、ATMで一日に引き出せる限度額だ。おかしいと思った彼女は、借金の無心は断った。しかし、彼はねばった。

「君と僕はもうともに人生を歩くんだから、いいだろ」

さらに断ると、彼は激怒したという。

「君はなんて冷たい女なんだ！」

捨て台詞を吐き、彼女の首からネックレスをむしり取り、去っていった。彼女は恐怖で震えながらテーブルに残された。ディナーコースと高価なワインの代金は彼女が支払った。

翌日警察に相談したが、起訴は難しいということだった。

ほんとうにお金を取られていないのか。男女関係にはなかったのか。彼女は教えてくれなかった。

コロナで失業して婚活アプリでパパ活

婚活アプリの登録者には、パパ活希望者もいた。銀座で夜の仕事に就いていた30代後半の女性だ。

彼女はコロナ禍に職を失ったという。勤めていたクラブがクローズした。２０２０年に緊急事態宣言が発令され、飲食店のほとんどは夜8時に店を閉めた。夜の銀座から人影が消えた。食事を終え9時くらいから客が入り始めるクラブは大打撃を受け、次々とクローズに追い込まれている。夜の接客業にはつぶしがきかない人が多い。彼女が勤めていた店も閉まり、収入が途絶え、パパ活を行っていると言った。

「パパ活希望です。お会いできませんか？」

彼女とマッチング後、そんなメッセージが来た。実はその時点で、筆者はパパ活というものを理解していなかった。

「パパ活というのは、一緒にお食事をしていただき、謝礼をお支払いするということでしょうか？」

質問をした。

「いえ、身体の関係ありです」

なるほど、そういうことだったか。

プロフィール写真を見る限り、彼女は美しい。銀座のお店で働いていたこともあり、メイクはうまく、顔立ちははっきりくっきりとしている。男としてはかなりそそられた。

しかし、売春の提案に応じるわけにはいかない。

「とても興味深いご提案で、光栄なのですが、僕にはご対応できそうにありません」

丁重にお断りした。

「わかりました。検討していただき、ありがとうございます」

彼女も丁寧なメッセージを返してきた。売春の誘いを断ること自体は、もちろん間違いではない。それなのに、心が痛んだ。相手は今日の食事にも困っていた。

新型コロナウイルス感染拡大のピーク時は、婚活アプリのなかで夜の仕事で失業した女性に複数出会った。コロナ禍、内部留保がたっぷりある大企業に勤めている人以外は、経済的に厳しい状況に陥っていた。その苦しみが個人事業主の筆者には痛いほどよくわかる。

ギャラ温泉、ギャラカラオケ、ギャラ登山

銀座のクラブで働くアラフィフともマッチングし、彼女の希望で横浜の洋食店で食事をした。

彼女には婚歴があり、中学生と高校生の子どもがいた。どちらも男の子だという。母親と子ども二人は東北地方の中都市で暮らし、彼女だけが東京の賃貸マンションで暮らしていた。

「出稼ぎなの。週に一度は東北に帰りたいけれど、母が高齢なので、コロナの感染が怖いでしょ。だから、私だけずっと東京」

そう言って笑った。

実年齢はギリギリ40代だけど、童顔なので30代にしか見えない。お店では38歳で通しているそうだ。実年齢はオーナーであるママしか知らない。

「二年前に入店してからずっと私は38歳。昨年も今年も38歳」

しかし、勤めている銀座のクラブはコロナでクローズ。職を失った彼女は品川区のキャバクラに転職した。しかし、コロナ禍の閉店ドミノの影響をもろにうけた。そのキャバクラも1か月ほどでクローズ。大田区で知り合いが経営する手摑み海鮮焼きの店に転職した。

彼女が「知り合い」だという、オーナーの女性とのつながりには驚かされた。子どものころに父親が失踪して再婚し合った女性だという。血のつながりのない義母で、一緒に暮らしたことはない。父親はさらに失踪し、協力して探したことで親しくなったらしい。父親の行方はわからず、義母は別の男性と結婚した。相関図が複雑で、なかなか理解できなかった。

その手摑み海鮮焼きの店も風前の灯火。彼女に懇願されて、友人とともに食事に行った。店内はがらがら。冷凍食品のエビやカニやイカを湯で解凍し、ビニール手袋をした手でつかんで鉄板で焼いて食べるのだが、手摑みする理由は不明だ。

お世辞にもおいしいとはいえない海鮮を一緒に行った友人と、婚活アプリでマッチングした彼女と、彼女の父親の元妻であるオーナーと、オーナーの現夫とで食べた。切ない気持ちになった。

その後彼女とは会っていないが、ときどきＬＩＮＥでメッセージが来る。手摑み海鮮焼きの店は結局クローズ。コロナに勝てなかった。

彼女の誕生日には温泉旅行に誘われた。ウハウハと喜んだが、話をよく聞くと「ギャラ温泉」だという。

「ギャラ温泉って？」

意味がわからず、質問した。

すると、一緒に温泉に行ってもらうことで、こちらがお金を支払うらしい。世の中にはそんなシステムがあるのか。不勉強だった。ほかにも、ギャラ呑み、ギャラカラオケ、ギャラ登山などがあるらしい。どれも女性につき合ってもらい、男が〝ギャラ〟を支払う。彼女との温泉には心惹かれたが、ご辞退した。誕生日には、別の男と温泉旅行に出かけたらしい。

その後彼女は銀座時代の知り合いに誘われて、チーママになったと連絡をくれた。店のナンバー2としてフロアを仕切っているので、店に遊びに来てほしい、とも書かれていたが、場所は銀座。当然高額だろう。筆者には分不相応だ。

アプリ内に増えるライヴ動画配信サービス業の女性

ほかにも婚活サイトでは夜の接客業を失業した女性と何人も会った。クラブやキャバクラで働いていた女性がとにかく多かった。コロナ禍に閉めた店が多いからだろう。ただ、それだけではないとも感じた。社会にキャバクラ経験のある女性そのものが増えているのではないだろうか。仕事関係でもよく見かける。みんな隠さずに堂々と話す。コロナ禍の前から社会はずっと不景気で、職を失った女性が本業として、あるいはアルバイトで、夜の接客業に身を投じているのだ。

夜の接客業に就いていた女性たちは、辞めた後ほかの業種・職種に就くのは難しい。だから、お店からお店へと移って生き延びていく。パパ活に走る女性もいれば、思いもよらぬ仕事をやっている女性もいた。自宅でライヴ動画配信サービスを行う女性には3人も会った。

ライヴ動画配信サービスとは、インターネットによってリアルタイムで動画を配信する新しいメディア。プラットホーム会社を経由して、自分の番組を配信する。パソコンやスマートフォンがあればだれにでもできる。

番組の内容は自由。歌に自信があるならば歌えばいい。楽器ができれば演奏すればいい。料理を実践してもいい。ただトークを展開してもいい。自分の生活をそのまま配信する女性もいる。プラットホームには自称・アーティストや自称・料理研究家が溢れている。

収入は視聴者からの投げ銭。わかりやすく言うと、チップだ。番組配信中配信者を支持する視聴者がオンラインで送金する。投げ銭を確認すると、配信者は番組のなかで「〇〇さん、ありがとう!」と礼を述べる。すると、負けじとほかの視聴者も投げ銭を送る。

配信者は定期的に視聴するファンを増やし、入金してもらい、配信者とプラットホーム会社で分配する。多くの人が自宅に引きこもったコロナ禍、配信者も視聴者も増加している。勤め先の店がクローズした女性たちの多くがこの仕事にたどり着いていた。

婚活アプリで筆者が出会った3人はそれぞれ、料理番組、ゲーム配信、ランジェリー配信だった。3人とも夜の接客業からの転身で美しかった。女性配信者の場合はよほど内容がおもしろくない限り、容姿のよさがものを言う。

料理番組を配信していた女性はアラフィフだったが、30代にしか見えなかった。配信は毎日夕方5時。自宅のキッチンで行われる。近所のスーパーで手に入る安価な食材で、一人分の食事を手際よくつくっていく。それだけだが、1か月に50万円ほどの収入を得ていた。彼女が美しいからこそ番組が成立しているのだが、かなり努力もしていた。

休むことなく同じ時間に配信するのは並大抵ではない。毎日違う食材を仕入れ、類似する番組の配信者とは違うテイストの料理を考え、本番前にはリハーサルを行い試食していた。視聴者が配信するレシピ通りにつくって、ある程度おいしいものに仕上がらなくては番組そのものが成立しない。こうした努力によって固定ファンを確保していた。

彼女とはランチをして、午後3時には別れた。彼女は配信の準備のために帰宅しなくてはならないのだ。

筆者も動画配信を強く勧められた。二人で配信を行って暮らそう、と言われた。

しかし、そもそも筆者には配信したいものがない。しかたがなく、その時点の最新刊の宣伝をしてみたが、二人しか視聴してくれなかった。アラカンのオヤジの顔を見たい人も話を聞きたい人もいない。

それに、人は目の前に誰かがいるから話すことができる。パソコンやスマートフォンに向かっての一人語りは、短時間だったとしてもモチベーションが維持できない。配信も彼女との交流も長続きしなかった。

ゲーム配信の女性は30代半ば。彼女の番組はいたってシンプル。スマホのゲームをやっている姿を映しているだけだった。ただし、長い。15時間も20時間も、体力が持つ限りは続けるそうだ。会った日もほとんど眠っていなかった。

彼女のウリはスタイルのよさ。大きなバストをニットで強調させ、それをエサに男性視聴者を集めていた。筆者が会った時点では、月収は10万円ほど。しかし彼女いわく、視聴者はすごい勢いで増えているそうだ。それがうそか真実かはわからない。

ランジェリー配信をやっていたのは、前述した南無妙法蓮華経美人だ。彼女の本職はランジェリーの販売なので、自分が扱っている商品を身につけてしゃべる。内容はその日の出来事。それから、身につけている下着のクオリティについて。日記的なトークだ。布の小さい、透けそうで透けないランジェリー姿はエロティック。トークのトーンもエロティックだ。

彼女たちはもともと夜の接客業をやっていたので、視聴者あしらいが身についている。自分流の接客法を持っている。しかも、前職時代の顧客がいて、それをベースに視聴者が〝増殖〟していく。

ライヴ動画配信サービスを行っていた女性たちはなかなかタフで、彼女たちに悲壮感はなかった。

一方、こちらがつらくなるような女性も少なくない。

食事を求めて婚活する女性たち

ある日、婚活アプリで30代半ばの女性から申し込まれた。アラカンのオヤジが30代女性からアプローチされるなどきわめてレアなケースだ。

若く年齢差がある女性からのアプローチはたいがい詐欺だ。投資の勧誘を疑っていい。しかし、彼女には投資目的や詐欺のにおいはなかった。地味でまじめそうだった。もちろんモデルのような容姿ではないし、ＬＩＮＥ ＩＤの交換も求めてこなかった。

すぐにマッチングして、すぐに会った。早めに会うことを求められたからだ。しかし、そこには理由があった。

対面したのは都内の洋食レストラン。フロアの女性スタッフからメニューを受け取るなり、彼女はステーキを自分の分だけで二人前選んだ。驚いた。もちろん彼女は食欲旺盛なスポーツ選手ではない。どちらかというと小柄で細い女性。

「そんなにたくさん食べられますか？」

一応確認すると、にっこりとうなずいた。

彼女はいくつも料理を平らげる。筆者はその様子をただ眺めるしかなかった。食事を終えると、翌日食べる分もテイクアウトした。

「明日の朝の分も注文してよろしいでしょうか？」

そう言いながら、ワインもグラスで5杯、カパカパと飲み、店を出たとたんにその場に倒れ込んだ。

彼女は動かない。救急車は呼ばないでほしい、という。5分経ち。10分経ち。すると突然立ち上がって、すでにクローズしている洋食レストランに強引に入っていった。驚いているお店の人たちを見向きもせずトイレに直行した。やがて、すっきりとした表情で現れた彼女は「もう大丈夫でございます」と言い、徒歩で帰っていった。

謎の女性だったが、食事中の会話の様子では、コロナ禍に職を失ったらしい。

ひたすら食べる自称アイドル

30代後半の自称・アイドルとも出会った。プロフィール写真が魅力的だったので、断られることを承知で申し込んだらマッチングした。

「私、太らないように気をつけているので、お野菜とお魚とチキンばかり食べています」

アプリを通して、そんなことを伝えて来た。

一週間後、都内のイタリアンレストランで対面した。チェックインカウンターで待っていると、写真の倍くらいに成長した自称・アイドルが現れた。ゆったりした服を着ているが、腰を曲げると裾から腹の白い脂肪がはみ出る。

「コロナ太りしちゃいました」

ニコニコ顔で言った。見たところ、一週間で太れるレベルではない。

メニューで野菜、魚、チキンを選ぼうとすると、彼女は表情を曇らせた。

「私……、今日は牛さんを食べちゃおうかな……」

うん？　アプリでのやり取りとは話が違う。野菜と魚とチキンしか食べないはずだったが。

「牛と豚はやめているんじゃないの？」

大きな身体を前に心配になり、聞いてみた。

「たまにはいいかな、って思ってきちゃった」

そう言って、サーロインステーキを選ぶ。ビーフだ。目の前で彼女は気持ちいいくらいの食欲を披露した。ワインもカパカパ飲む。彼女いわく、ふだんは朝から夜まで自宅にこもってお菓子ばかり食べているそうだ。あとは友達と電話で話すだけ。実質的には無職だ。

二年前まではライヴハウスで歌っていたという。事務所にも所属して、インディーズでCDのレコーディングもしたらしい。しかし売れず、コロナ禍に事務所から解雇された。事務所の社長には、体重を15キロ減らしたらまた契約してもいい、と言われている。しかし、体重は増える一方。復帰への道は遠い。

食事中、彼女のスマートフォンに保存されているアイドル時代の写真を見せられた。ふつうにかわいい。身体のサイズはまったく違うが、目の前にいる彼女と別人でないことはわかった。

会話はまったくはずまなかった。共通の話題がなにも見つけられないのだ。もう会うことはないと思った。ところが、毎日連絡が来る。また会いたい、と言ってくれる。積極性に負けて、会ってしまう。また会話のはずまない、不毛な食事をして別れる。

彼女が魚やチキンを食べることは一度もなかった。脂の乗ったビーフをガンガン食べる。ワインも飲むし、食後には大きなケーキもオーダーした。

「15キロ減らすんでしょ？」

一応確認してみる。

「明日から食べないから大丈夫」

そう言って帰っていく。

さすがに時間もお金も無駄なので、会うことはお断りした。少しごねられたが、きっぱりとお断りした。それでも、しばらくは食事に連れて行ってほしいと連絡が来ていた。

手摑み海鮮店から銀座のチーママになった女性や動画配信の女性たちは、コロナでダメージを受けながらも、頑張っていた。しかし、自称・アイドルは明らかに怠惰だった。

経済的に困窮していなくても、他人の財布で高価な食事を食べる目的でマッチングする女性もいる。彼女たちはとくに生活に困ってはいないけれど、自分のお金で寿司や鉄板焼きの高級店を食べ歩くことはできない。そこで婚活サイトに登録し、所得の多い男とマッチングし、連日もてなされようとする。

初対面の場所に、パーク ハイアット 東京のニューヨーク グリルやグランド ハイアット東京のけやき坂や銀座のベージュ アラン・デュカス 東京をリクエストしてきた女性がいた。どこも一人4万円から5万円はする高級レストランだ。丁重にお断りした。

そういう女性は、そもそも交際する意思などない。高価な食事をしたいだけだ。どんなに美しい女性だったとしても、相手にしてはいけない。

無縁だった業種や職種との遭遇

婚活アプリは社会の縮図だと思う。コロナ禍以降、職を失う人、経済的に困窮する人が激増していることが婚活でリアルにわかった。

筆者も含めほとんどの人は、偏った社会、偏った人間関係で生活している。組織に勤めていたら、自分が属する会社や職場の人とばかり会う。仲がよかろうが、よくなかろうが、同じ組織の人とともに働き、食事もするだろう。それがその人の社会だ。

銀行員のまわりは銀行員ばかりだし、教員のまわりは教員と生徒ばかりだし、学生ならば同じ学校の生徒ばかりだ。

富裕層のまわりは富裕層が多い。貧しい人のまわりは貧しい人が多い。だから、よほど想像力が豊かでなければ、富裕層は貧しい人の生活や考えていることを理解できない。一方、貧しい人も富裕層の生活や考えは理解できない。接触する機会がないからだ。

恥ずかしいことだが、取材をしたり原稿を書いたりしていると、毎日出勤して堅実に働いている人たちの考えはなかなか理解できない。どんなものを食べ、どんな楽しみがあり、どんな映画を観て音楽を聴いているのか、よほど想像力を働かせなくてはわからない。堅実な会社員との接触が少ないからだ。

生活のなかで筆者が会うのは、出版社の編集者やフォトグラファーやデザイナーなど、社会的に少数派の人たちだ。このような人たちが堅実でないとは思ってはいない。しかし、会社員と比較すると自由度は高い。ただし、組織にきっちりと守られていないケースが多く、リスクも大きそうだ。少数派と時間を共有し、会話して、それが今の社会だと思い込んでいる。でも、それはきわめて限定的な環境でしかない。

ところが婚活によって、ふだん接触しない異業種・異職種の人たちと交流した。

この本で紹介した女性の一人の姉は、個人で廃車の処理をして暮らしていた。50代半ばの姉は千葉県内の空き地に放置されている自動車のオーナーを探し、陸運局での廃車手続きを代行して収入を得ている。よくそんな商売を思いついたものだ。

ちなみに彼女は50代にして総入れ歯だ。

「シンナーでもやってたの?」

冗談のつもりで聞いたら、若いころにフィリピンで生活していて、ほんとうにシンナーを常習していたらしい。シンナーの体験者に、筆者はそれまでに一度も会ったことはない。

姉妹は妹が建てた戸建てで暮らしていた。姉は1階で生活。妹は3階で生活。2階はリビング。ある日、姉がミニブタを購入した。通りがかりのペットショップで見つけて、ひと目惚れした。最初はかわいらしかった。ところが、そのブタはどんどん育ち、凶暴性を増す。フローリングの床を掘る。

やがてミニブタとはいえないサイズになり、ペットショップに連れて行き、クレームを言った。店のオーナーは平謝り。ブタは引き取り、代金は返すと言う。

しかし、そのころには、姉はブタに情が移っている。殺処分を心配した。わが子のように育てたブタを見捨てるわけにはいかない。自宅へ連れて帰った。

ブタはさらに成長。150キロに育ち、家の中を走り回る。飼い主の姉にはなついているが、ときどき1階に降りてくる妹には突進する。まさしく猪突猛進。相変わらずフローリングの床を掘り、糞尿もしまくる。犬と同じように散歩に連れ出さなくてはいけないので、周辺では評判になった。

話としてはとても面白いので笑いながら聞いたが、その女性と暮らすのは難しい。

婚活アプリは〝カースト〟を超える

コロナ禍によって、極端に困窮した人がたくさんいることも婚活によってリアルに知った。

婚活は人生をともに過ごす相手を探す活動なので、相手のことを深く理解しようと努める。生活や考え方を知ろうとする。だからこそ、たとえば商談とは違い、個人的な苦しみや悲しみや置かれている状況に意識がいく。

婚活がほとんど行われていなかった1980年代までの日本の社会では、同じ職場、同じ学校、友人の紹介で出会い、交際して得た縁で結婚することがほとんどだった。当然だ。まったく違う環境にいる相手とは接触しないので、交際しようがない。

すると、結果的に、育ちや、IQや、経済力が近い者同士で結ばれて、生活をともにする。伝統的なお見合いだったとしても、仲人や紹介者は意識的に、育ちや経済力がつり合う相手を見つけてくる。
ただし、学校、職場、友人・知人関係間の恋愛はリスクを伴う。成婚せずに別れた場合。周囲の人間関係もしばらくはぎくしゃくする。職場恋愛は人事に影響するケースもあるだろう。

このようなリスクが、婚活ツールにはほぼない。周囲に知られることなく出会い、交際し、成婚したり別れたりする。

婚活アプリを利用すると、乱暴な言い方をするが、今まで接触が難しかった金持ちと貧乏、りこうとバカ、北海道在住者と沖縄在住者がふつうに出会ってしまう。外国へ行かなくても、外国人と出会えてしまう。

婚活はいわゆる〝カースト〟の壁をいともかんたんに乗り越えてしまった。

1998年に公開されたアメリカ映画に『ユー・ガット・メール』がある。ニューヨークを舞台にしたラヴ・コメディだ。主演はトム・ハンクスとメグ・ライアン。トム・ハンクスの役は、マンハッタンで大型書店を経営するジョー・フォックス。メグ・ライアンの役は、子ども向けの本をそろえた小さな書店を営むキャスリーン・ケリー。ジョーの書店の台頭で、キャスリーンの店はつぶれてしまう。

１９８０年代までなら、同級生でもない限り、この二人は出会わない。育ちも考え方も経済力も交友関係も違うからだ。しかし、二人は敵対する相手とは知らず、匿名のままネットで交流してしまう。マッチングサイト、今でいうマッチングアプリで相手の正体を知らぬまま出会ってしまうのだ。昼間は生き残りをかけた憎き敵。しかし夜、ネットの中では心を許せる理解者だ。

『ユー・ガット・メール』はフィクションで、現代のおとぎ話。ラストで二人は結ばれて、ハッピーエンドを迎える。しかし、そこにいたる過程ではいがみ合い、傷つけ合う。育ちも考え方も違うからだ。婚活アプリがスタンダードになっている今、このような状況が日本のあちこちで起きているに違いない。

人は価値観が自分と近い相手に魅かれる、という意見も多い。確かにそういう面はあるだろう。しかし、ファーストコンタクトでは、価値観が必ずしも一致しなくても、引き寄せられる。むしろギャップを新鮮に感じるかもしれない。

それに、高学歴で上場している優良企業に勤めている50代の男性が、すさまじく美しい無職の20代の女性からアプローチされたら、マッチングする可能性は低くはないだろう。無職で困窮している美しい女性が人生の一発逆転を狙って、猛烈にアプローチするかもしれない。

あるいは、40代の女性開業医が20代の無職のアイドル顔の男に猛烈に口説かれたら、まっ、付き合ってみるか、と思うのではないか。仕事が順調ならば、若い男の面倒を見るくらい負担ではない。

かつて40代の美しい女性ドクターに、恋愛の悩みを打ち明けられた。女性は社会で成果を上げれば上げるほど、結婚が遠ざかるという。自分が上に立ち、いばりたい男は多く、女性が成功すると嫉妬して去っていくと話していた。類は友を呼ぶ。彼女のまわりには、仕事で成果を上げている女性が多く、みんな似たような悩みを抱えていた。

ところが、仲間の一人のエッセイストが、婚活アプリで恋愛をした。相手はひと回り以上若いイケメンの大工さんだという。若くて年齢差があり、職種も違うので、彼は彼女の成功に嫉妬しない。彼女は経済的に依存するつもりはないので、大工の彼が純粋に愛おしい。それを見た仲間の女性たちはみんな、年下の異業種の男にアプローチし始めたそうだ。

女性ボディビルダーと赤身の肉を食べる

婚活アプリではまだまだ私生活ではなかなか接点のない職種の女性たちと出会えた。前述の、夜の接客業出身でライヴ動画配信サービスの女性たちのほかにも、たとえば40代後半の女性ボディビルダーにも会っている。

彼女は婚歴が2回。最初の夫との間に子どもがいるが、経済力のある元夫が親権を持ち育てている。彼女はパーソナルトレーナーとして働いて生計を立て、一年に数回ボディービル大会に出場している。

彼女とマッチング後、アプリ内で一週間ほどやり取りをして、新宿のシティホテルのカフェレストランでランチをした。ポニーテールを揺らしてホテルに現れた彼女はまっ白いTシャツにショッキングピンクのジャージ姿。着ているものが身体にピッタリとフィットしているので、大腿筋や大殿筋の逞《たくま》しさがよくわかった。逆三角形の上半身からバストがTシャツを破るのではないかと思うほど前に突き出していた。

その姿でトレーニング器具が入っているキャリーバッグを転がしてきたときには、ほかのテーブルのお客さんたちが食事の手をとめて、視線を向けた。そんな筆者も見入ってしまったが、彼女はまったく動じない。

「お待たせしてごめんなさい。ホテルには時間についたんだけど、レストランを見つけられなくて、うろうろして、遅れちゃいました」

行儀よく頭を下げる。姿勢がいい。

「ホテルのスタッフは教えてくれませんでしたか？」

「それが、私、お店の名前を間違えちゃって」

カフェレストランの店名は「樹林」だったが、彼女は〝ジュリン〟ではなく、「キリンはどこでしょう？」とたずねたらしい。ホテルスタッフは首を傾げ、ほかのスタッフにたずね、それは〝ジュリン〟ではないかという正解にたどりつくまでに時間を要したという。

「脂の少ない赤身のお肉はありますか？」

メニューを持ってきたお店の女性スタッフに彼女が聞いた。

ボディビルダーなので、高たんぱく低脂質の食事しか摂らない。

彼女と食事をするには、お店選びに苦労した。交流は新鮮で楽しかったが、パーソナルトレーナーとしての仕事で全国をまわっているために会い続けることが難しく、交際はあきらめた。

美ボディ美容師の執筆に協力

ボディメイク大会優勝を目指している女性ともマッチングした。こちらは筋肉を競うわけではなく、出るところは出て、へこむところはへこんだ美しいボディラインを競うコンテストらしい。彼女はすでに一度優勝を経験していた。

身体の美しさが自慢の彼女は、水着の写真を送ってくれる。大切なところを隠す布は小さく、ほとんど肌を露出している。そして、ほぼ全身にタトゥーが入っていた。いわゆる極道の刺青ではない。アーティスティックなデザインだ。とはいえ、範囲が広い。それなりに迫力はあった。

ボディビルダー同様、彼女も赤身の肉を好んだ。贅肉のない体形を維持するために高たんぱく食を心がけていた。その食生活は大会が近づくと顕著になる。赤身の肉と白身の刺身ばかり食べる。こちらも付き合って同じものを食べる。

彼女は30代後半で美容室を経営していた。婚歴は一度。子どもは二人で、すでに独立していた。かなり若いときに産んでいた。

自意識の強い彼女は自叙伝を執筆中で、アドバイスしてほしいという。この話をされたときにいやな予感はあった。

彼女の自叙伝はもちろん自費出版。版元は聞いたことのない出版社だった。ネットで調べてもほとんど情報はない。彼女はお金をすでに支払っていた。

金額は30万円。安過ぎる。そんな価格で本ができるわけがない。詳しく聞くと、複数の著者の共著になるという。何人もの出版希望者からお金を集めて、本をつくらずに行方をくらます詐欺は増えているので、よく確認し頻繁に連絡をしたほうがいいと話した。

彼女がお金を払った出版社は原稿執筆のためのアドバイスもせず、彼女が書いたらそのまま印刷してしまうらしい。ありえない話だ。実際に彼女は何も書けずに困っていた。

しかたがないので、少しだけ手を差し延べた。3時間ほど彼女をインタビューし、それを文字起こししたものを資料に使って原稿を書くように話した。とはいえ、いきなり書けるとも思えなかったので、最初の10ページ分は書いてさしあげた。

でも、それがいけなかった。彼女はあらゆる餌をちらつかせて、筆者に全部書かせようとする。しかし、こちらはもちろん、そんな時間はない。義理もない。交際しているわけではなかった。

「原稿が終わったら、一緒に温泉に行こうよ」

LINEでメッセージが来る。

タトゥーはちょっと怖いが、美ボディコンテストの元チャンピオンだ。一緒に温泉に行けると思うと、誘惑に負けそうになる。美ボディに溺れたい欲求がわいてくる。原稿書いてあげる、と言いそうになる。しかし、心を鬼にして断った。

数日すると、また連絡が来る。

「私、原稿書けな〜い。どうすればいいの？」

しかたがないので、書く手順を箇条書きにして送る。しかし、それは筆者の役割ではない。その本を企画した出版社がやるべき仕事だ。

「出版社の人に連絡して、書けない状況を正直に伝えて、どうするべきか、アドバイスをもらってください」

そう伝えた。

「わかった！　そうする！」

しかし、数日するとまたメッセージが来る。

「やっぱり書けな〜い。助けてほしいなあ〜」

自分の本の原稿の締切りに追われている時期だったこともあり、このあたりで、腹が立ってきた。

「僕、ギャラは高いよ」

クールにレスポンスした。

「えー、私、お金ないもーん」
「ならば自分で頑張りましょう」
「時間かかりそう。締切り、もう過ぎちゃったの。どうしよう。一緒に温泉行けなくなっちゃうよ」

そのまま放置した。にもかかわらず、温泉旅行がふと頭の中をよぎる。一緒にお風呂に入りたかったなあー、と思ってしまう自分が情けなく悲しい。

2000年代までは、ライター稼業の男と、女性ボディビルダーや美ボディ美容師が出会うことなどなかった。ところが、婚活アプリを介することによって出会ってしまう時代になった。

婚活アプリは玉手箱

ボディビルダーと美ボディ美容師は赤身の肉ばかりを食べていた。彼女たちにとって赤身肉を食べるのはとても重要だ。それぞれ志向は違うが、身体をつくることが人生の大部分を占めていることは同じだ。そこは絶対に譲れない。だから、こちらが合わせることになる。こうした食習慣の偏りがあると一緒に過ごすことがストレスになる。

婚活アプリでは40代後半のゴーラーともマッチングした。〝ゴーラー〟とは、かき氷マニアのこと。かきゴーラーを略してゴーラーになったらしい。彼女と知り合って初めてゴーラーの存在を知った。ネットで検索すると、元フィギュアスケート選手の浅田真央もゴーラーとして知られているらしい。氷を愛しすぎたのだろうか。

40代のゴーラーの女性は、住まいの近くの小さな会社で経理を担当していた。離婚歴があり、成人した子どもがいた。プロフィールには「かき氷が好きです」と書かれていた。かき氷を好むのは特別なことではない。しかし、彼女のかき氷好きは極端だった。

夏だけではなく、一年中かき氷を食べる。雪が降ってもかき氷を食べる。食事としてかき氷を食べる。一食に2杯食べる。平日のランチもかき氷を食べる。かき氷を食べることが彼女の人生なのだ。常に新しいお店の情報を探す。もちろん、彼女は元フィギュアスケート選手ではなく、氷との特別な縁はない。

「今日はなにを食べましょう?」

うっかり聞くと、即答される。

「かき氷にしましょう。新しいお店ができたので」

かき氷専門店があることも初めて知った。甘味屋ではない。メニューにはかき氷しかない。そんな専門店が成立することにも驚かされた。

しかたがなく何度かかき氷専門店にお付き合いした。マッチングしたのが冬だったので、なかなかつらかった。寒い。冷たい。歯がガタガタと震えた。その上、筆者はすぐにお腹をこわす。修行のような時期だった。

婚活アプリは玉手箱だ。開けてびっくりする。プロフィールを読んだだけでは、その人の本質などわからない。趣味が書かれていても、どのくらいのめり込んでいるか、程度まではわからない。

趣味がエクササイズとあれば、ジムに通っているのだろうと思う。まさかボディービル大会で優勝するためにトレーニングを行い、そのための食生活を送っているとまで想像できない。かき氷が好きと書かれていても、食事の代わりに食べているとまでは想像できない。

そういう玉手箱状態を楽しめるか、引いてしまうか、そのあたりに婚活アプリで成果を上げられるか上げられないかの違いがあるのかもしれない。

無料会員でお試し

婚活アプリに危険を感じ、腰が引ける人は今も少なくはない。実際にリスクがないとは言い切れない。一定数詐欺は存在しているし、ナンパ目的の男やモノや食事をねだる目的の女性もいる。それでも、申し込む相手を注意深く選び、申し込まれても注意深く対応していれば、避けられないリスクではない。

いまや婚活のメインストリームになった婚活アプリだが、それでも向く人と不向きな人はある。

雑誌の座談会で知り合った婚活サイトのアドバイザーは、まだ気持ちに余裕がある、具体的には一、二年のうちに結婚できればいいと思っている人に、とくにアプリを勧めたいそうだ。

アプリの多くには無料会員のシステムがある。とりあえず活動に制限がある無料会員に登録して様子をうかがい、安心し、積極的な気持ちになったら自由に活動できる有料会員に移行すればいいと話していた。

とくに女性の場合は、無料で登録できるアプリが多い。お試しのつもりで始めて、様子を見てはいかがだろう。もし結婚したいなら、出会いたいなら、何もしなければ、何も起こらない。アラカン、バツイチ、不安定職種、低身長、デカ顔の筆者でも、成婚にはいたっていないものの、多くの女性に会えている。

婚活には波はある。働いていれば、忙しい時期には婚活に時間とエネルギーを注ぐことはできない。マッチングした相手にマメに連絡をしなくてはいけないとわかっていても、疲労しているときには無理だ。成果は上げられない。

しかし、仕事が一段落して少し時間に余裕ができれば、しっかりアプローチできるし、連絡もできる。そうすれば、週に一人ペースで新規の女性に会えている。会ってもその先に進展しないことは多い。でも、会わなければ何も始まらない。臆することなく、積極的に活動するしかないのだ。

第3章 安心・安全が担保される結婚相談所

強いメス。弱いオス

「婚活」という言葉が生まれたのは２００７年。就職活動を「就活」と略すことから、当時東京学芸大学教授だった山田昌弘氏が結婚するための活動を婚活と記事に書いたのが始まりだ。

かつては特別な努力をしなくても、自然な出会いの延長で結婚できるとされていた。実際にはかなりの努力をしなくてはいけなかったとしても、できるものと思われていた。だから、30代、40代になってシングルだと、何か問題があるのではとうわさされる。借金があるのでは？　暴力癖があるのでは？　夜のベッドで変わった嗜好があるのでは？　などとささやかれた。

しかし現実的には、結婚はだれもができるものではない。それまで別々の家庭で育てられてきた他人同士が、ある日から一緒に暮らし始めるには、大変な気遣いやストレスを伴う。結婚は実は難しいという真実を婚活が社会にオープンにした。

結婚への難易度が上がり、同時に離婚も珍しくなくなったのは、社会が健全に成熟してきた証しでもある。経済的に男に頼らなくても女性が生きていける社会へと向かっているからだろう。

1986年に、日本では男女雇用機会均等法（雇用の分野における男女の均等な機会及び待遇の確保等女子労働者の福祉の増進に関する法律）が施行。あえてきちんと述べるが、労働者は性別にかかわらず、雇用の分野における均等な機会を得、その意欲と能力に応じて均等な待遇を受けられるようにし、企業の制度や方針において労働者が性別を理由として差別されることをなくしていくことが明確にされた。

しかし、男女雇用機会均等法が施行されたからといって、すぐに男女平等社会になるはずもない。現に30年以上経った2020年代になっても、賃金や昇格での男女不平等が解消されたとはいえない。

それでも、1997年、2006年の改正、そして日本人の意識の変化によって、まだまだ問題は山積しているものの、少しずつ女性が働きやすい社会になってきてはいる。1986年施行の際は大企業が主な対象だったが、1997年の改正では中小企業も対象になっている。

こうした社会の成熟とともに、経済的にも意識的にも独立した女性が増えてきた。率直に言うと、実質的には男性の配偶者として暮らす選択をせざるをえなかった女性の多くが、自立を獲得している。さえない男と結婚するくらいなら一人で生きる、あるいは気の置けない女友だちと協力し合って生きるという選択肢を手に入れている。

頑張る女性に対して、男は後れを取った。封建社会の中で経済的に優遇され、長い間甘やかされてきたからだ。タフな女。成熟できない男。つり合いがとれなくなってきた。

人間に限らず、メスは弱いオスに魅力を感じない。種を保存できないからだ。弱っちいオスと一緒に暮らしていたら、いつ外敵に命を狙われるかわからない。弱っちいオスといたら、弱っちい子どもを産んでしまう可能性が高まる。女性たちは弱い男を本能的に察知して避け、結婚が成立しづらくなった。

あぶれた男には、婚活が必要になった。弱い分を努力で補うことが必要になった。男が結婚できなくなるのは、男だけの問題ではない。結婚は男女の組み合わせなので、男があぶれれば、その分女性もあぶれる。だから、女性にも婚活が必要になった。

1980年代までの婚活のほとんどは古典的なお見合いが主。それに加え、個人が営む結婚相談所がちらほらあるレベルだった。

いわゆる〝お見合いおばちゃん〟だ。自分の周囲にシングルの男女がいると「お似合いのお相手がいるのよおー」と言って無理矢理引き合わせ、成婚まで持って行き、自分が仲人もやってしまうおせっかいなご婦人のことを言う。

このお見合いおばちゃんという呼び名にはマイナスな響きがあるが、昭和の日本社会で、彼女たちは実によく機能していた。小心で女性を誘えない男にとっても、おしとやかで内気に見られたい女性にとっても、ありがたい存在だった。本人たちができない、あるいはやりたくないことを代行してくれていたのだ。

そんな日本に、海の向こうから新しいビジネスがやってきた。ドイツで生まれたアルトマンだ。

1980年代の婚活界を席巻したアルトマン

1980年代、東京・新宿のアルトマンシステムという結婚情報サービス会社が大流行りした。婚活という言葉が生まれる前、結婚業界で一人勝ちだったはず。日本中の雑誌、新聞、電車内で、アルトマンの広告を見た。

「恋愛？　見合い？　いいえ『アルトマン』」

「結婚式に呼ばれるたびに結婚したくなる、これをアルトマンの条件反射といいます。」

こうしたキャッチコピーを記憶している人もいるのではないだろうか。

チャールズ・チャップリンが女性とともにクロブチの犬を抱いている広告が全国紙やあ

りとあらゆる雑誌にでかでかと掲載されていた。

アルトマンは、ベルリンの壁崩壊以前、東西冷戦時代の西ドイツの会社だった。男女が結ばれるには運命的なものがあるという前提で、アルトマン博士が700項目の人間の特性を分析し、コンピューターによって好相性の相手を導き出し、紹介するシステムとうたっていた。1980年代のコンピューターなので、精度はあやしい。

入会するための初期費用は、入会金や会費合わせて200万円近く。それでも、日本の男女は競うように入会した。

しかし、アルトマンには無理があった。婚活は今も昔も本質的にはアナログ。人と人の結びつきだからだ。コンピューターで導き出された相手を紹介されても、興味を持てなければ、関係は進まない。勧められても会わない。

そのため200万円近く払ったにもかかわらずお見合いが成立しない会員が多く、クレームが殺到した。払っている金額が大きければ、それだけ怒りも大きい。

婚活は社会の縮図だ。ふだんの生活でモテる男女は〝婚活界〟でもモテる。ふだんモテない男女は、婚活界でもモテない。アルトマンでも人気のある会員にお見合いが集中し、不人気な会員はまったく会えない状況になった。

バブルの崩壊とともにアルトマンも崩壊。その後は、アルトマンの失敗に学び、うまくいった戦略は踏襲し、次々と新規の結婚情報サービス会社が生まれた。競合する会社が増えれば、競争の原理が働く。高額な初期費用が必要だった会社も、徐々に適正価格になり、健全な業種へと成熟している。

リスクが大幅に軽減される結婚相談所

2010年代に、筆者も二年ほど結婚相談所に入会し活動していた。当時男女合わせて5万人ほどが登録していた業界最大手の一つだ。前述のメジャー劇団の主役級の元女優とお見合いをしたのはこの相談所を介してだった。

なぜ5万人も会員がいるのか——。そこには理由がある。個人経営から婚活パーティー会社まで、大小複数の結婚相談所が組織化されていた。グループ内のA社に登録すると、B社、C社……Z社の会員にもアプローチできる。お見合いを申し込み、相手が応じてくれると対面できる。この際、申し込んだ側も、申し込まれた側も、お見合い料を支払う。

「オレ、ひょっとしてモテてる⁉」

入会してすぐ、勘違いしそうになった。

相談所の会員専用Ｗｅｂサイトにプロフィールがアップされた日から、毎日お見合いの申し込みが届いたのだ。

婚活アプリと同じで、入会したときは注目度が高い。日が浅く申し込まれている数が少ないので、ライバルが少ないと判断した古参登録者が申し込んでくれるのだ。

一方、入会して時間が経っている会員はすでに誰かとお見合いをして、食事を重ねているかもしれない。交際へと進む可能性は低いので、申し込む会員は少ない。そういう傾向を知る会員がお見合いを申し込んでくれた。

結婚相談所に登録して婚活する場合は、入会金、会費、お見合い手数料、成婚料が必要。筆者が入会した相談所は、入会金2万円、会費は月に1万円、お見合い手数料は1回5000円、相手を見つけて退会するときに支払う成婚料は20万円だった。１９８０年代のアルトマンと比較するとはるかに良心的な価格設定だ。

相談所にはさまざまな書類を提出、あるいは提示した。プロフィール、運転免許証やパスポートなど顔写真付きの公式の本人証明書、卒業証明書、年収証明（源泉徴収票）、独身証明書など。卒業証明書は出身校から、独身証明書は本籍のある自治体から取り寄せた。手間がかかる。こういう手続きによって、相談所が会員の身元を保証する。

婚活アプリにも、次の第4章で詳しく述べる婚活パーティーにも、ナンパ目的、パパ活、ママ活、ロマンス詐欺、金融商品の勧誘、宗教の勧誘……などが一定数いる。しかし、相談所で危険人物と会うリスクはかなり低い。その分コストはかかる。

多くの相談所では、担当カウンセラーがついてくれる。相手選び、お見合いの場での服装やふるまいなどアドバイスしてくれる。

相談所登録時のセックスはNG

「おー！」

結婚相談所に入会してパソコンで登録する女性の顔写真が並ぶページを開いた時、筆者も担当カウンセラーも感嘆の声をあげた。その画面は圧巻。モデルのカタログをながめているようだった。

男は女性の写真しか見られないわけだが、そこに並ぶ女性たちはみんなおしゃれをしてカメラ目線で微笑んでいた。服はワンピースかスーツ。色は白とピンクが主流。ときどきネイビーもいる。プロのフォトグラファーがスタジオで撮影したのだろう。

「いかがでしょう？」

担当カウンセラーが自信満々で問いかけて来た。

登録した相談所での活動は、まずホームページ上で行われる。プロフィールを見て、気に入った女性がいたら、画面上でお見合いを申し込む。相手がOKしたら、男女双方のカウンセラーが相談しながらお見合いへと進む。本人の意思を尊重しながら、お見合いの日時と場所を調整する。

お見合いは基本的に名前の知れたシティホテルのラウンジで行われた。東京に住む筆者がお見合いに利用させてもらったのは、帝国ホテル、丸ノ内ホテル、コンラッド東京、セルリアンタワー東急ホテル、京王プラザホテル、ヒルトン東京、小田急ホテルセンチュリーサザンタワー、グランドプリンスホテル新高輪……などのラウンジ。

お見合いを行うようになって知ったのは、週末の都心部のホテルはお見合いで大盛況ということだ。予約可能なラウンジは、ほとんどのテーブルがお見合いの男女で埋まっている。午前のオープン前は、ラウンジの入口付近で、初めて会う相手を探す男女がうろうろしている。

お見合いの時間は、基本的に1時間。オーダーはソフトドリンクのみ。飲酒はもちろん、食事をしてはいけない。カウンセラーは基本的に立ち会わない。支払いは男性が行う。これらがルールだった。

お見合いの後、男女双方が気に入れば、担当カウンセラーからおたがいの連絡先が伝えられて、相談所内で仮の交際へ進む。そこからは、食事をしようと、お酒を飲もうと、映画を観に行こうと自由だ。その期間は3か月。3か月間は、いわばお試し期間なので、何人と交際してもかまわない。

3か月会っておたがいの気持ちが変わらなければ、相手を一人にしぼって1か月の本気交際期間へと進む。そこで気持ちが固まれば、成婚料を支払って退会する。

相談所を介しての交際期間はセックスをしてはいけない。セックスをしたことが判明したら成婚とみなされ、成婚料を支払って退会する。

このような内容を入会時に説明を受けたのだが、カウンセラーは歯切れが悪かった。

「一つおことわりしておかなくてはいけないことがあります」

困ったような表情で言ってきた。

「はい。なんでしょう」

「お客様は、実は、当社で最初の会員様です」

「えー!」

「驚かれますよね？」

「はい」

「なので、活動を始められて、たぶん、当社側に不手際があると思います」

「はあ」

「つまり、ご迷惑をおかけすることになるでしょう」

率直すぎる。

「そんなことを堂々と打ち明けられても……」

「そこでご相談がございます。入会金は2万円ですが、1万円だけちょうだいできますか。月会費はしばらくは無料でかまいません。お見合い料は定額の1回5000円ちょうだいさせてください」

あまりにも正直な告白には驚かされたが、初期費用は破格だ。相談所の提案を了承した。

このようないきさつで1万円で入会させてもらった。入会金の2万円は、親会社の相談所に1万円、入会した相談所に1万円らしく、親会社に払う分だけ支払えばいいということだった。お見合い料は実務を行う人件費分ということらしい。そんな内訳を登録者に話していいのか、心配になったけれど、こちらが気遣うことではない。

活動を始めてみると、実際に不手際はあった。カウンセラーの経験不足で、お見合い場所で女性とすれ違いになりそうなことが二度起きた。しかし、まったく腹は立たない。なにしろ初期投資は1万円だ。それに不手際がある度に即対応・修正が行われ、こちらが恐縮してしまうほど丁重に謝られた。

結婚相談所を通してお見合い、交際、成婚へ向けて進むプロセスでは、どうしても男女本人同士の微妙な駆け引きが行われる。ほとんどの場合、どちらもほかに同時進行している相手がいる。だれにしようかな？　と迷っている。それを察せられないようにふるまう。そういうところは結婚相談所もふつうの恋愛も同じなのだと思った。

同時に、担当カウンセラー同士も駆け引きを行っている。カウンセラーは親会社は同じでも、直接所属する会社は別だ。同じ東京に拠点があるので、競合する関係でもある。そして自分が受け持つ会員のマネージャー的な役割を担っている。最初のお見合い場所からその後のやり取りにいたるまで、自分が受け持つ会員に有利に働くように動いてくれる。

プロフィール写真と実物が違うのはふつう？

相談所のホームページにある女性登録者のプロフィール写真はほとんど上品に撮られて

いた。しかしよく見ると、目鼻立ちがくっきり写るように陰影のあるメイクをしたり、しわが目立たないようにソフトフォーカスで撮影されていたり、していた。

画像上でも、頬をシャープにしたり目を大きくしたりなど修正されているだろう。背景には観葉植物が置かれている写真が多い。スタジオでお見合い用の撮影をするプロのフォトグラファーが撮影している。みんなコストをかけている。結婚相談所は真剣度が高い。

婚活アプリとは異なり、結婚相談所に登録している女性のプロフィールには、胸を強調している写真はない。露出度の高い服装の写真もない。古典的なお見合いの釣書に準じているようだ。

結婚相談所では、入会したその日から申し込まれ続けたが、なかなか気になる女性には巡り合えなかった。遠方だったり、すごく年上だったり。

東京で暮らしていて、北海道や九州の女性とお見合いするのは難しい。相談所が定めるマッチング後3か月以内のお見合いは無理だ。

一方、自分から申し込んだ女性には断られ続けた。筆者は1か月に20人までお見合いを申し込めるプランを選んだ。20人も申し込めれば十分だと判断したからだ。しかし、甘かった。あっという間に5人、10人と断られた。結婚相談所において、フリーランスで仕事をしていることはとても不利だと感じた。恋愛ではなく結婚する相手を考えたとき、女性は安定した職業の男を求めるのだ。

その思いはよく理解できる。もし自分が女だったら、やはり安定を求めるだろう。たとえば子どもがいたとして、父親の仕事があったりなかったりでは、安心して子育てはできない。自分自身も常に不安を抱えて生活しなくてはならない。

相談所に入会して1か月間で20人に申し込み、そのなかでお見合いが成立したのはたった一人だった。その一人とも相談所内交際にはいたらなかった。会話がまったくかみ合わなかったのだ。

おたがい大人なので、必死に歩み寄ろうとしていた。相手が歩み寄ろうとしていることに、どちらもおそらく気づいていた。でも、かみ合わなかった。純粋に相性がよくなかったのだろう。人間は生ものなのだ。一般的な恋愛と違っておたがいのことはプロフィールでしかわからないので、会話がすれ違うと修正が難しい。

一方、申し込んでくれた女性とも何人かお見合いをした。そのなかの一人、当時40代半ばのケーブルテレビのリポーターの女性は特に印象的だった。

彼女のプロフィールには、担当カウンセラーによって、次のように書き加えられていた。

「初めてお会いしたとき、女優さんかと思ってしばらく見とれてしまいました。実際に会うと、写真よりもはるかに美しく、実年齢よりも10歳から20歳は若く見えます。ぜひお会いしてみてください」

ほめ過ぎだとは思ったが、女優かと思ったという人に会わないわけにはいかない。ウハウハ気分でお見合いに出かけて行った。しかし、プロフィール写真と実物は違っていた。実年齢よりもはるかに上に見えた。待ち合わせたラウンジで声をかけられてもわからなかったほどだ。そういう状況だと、会話ははずまない。こちらにはどうしてもだまされたという思いがある。会話をしていても、その内容も信じられなくなる。時間をつくり、コストをかけたことが悔やまれる。

写真と実物が別人のようだったことを担当カウンセラーに伝えると、あっさりと言われた。

「ご入会のときにも申し上げましたが、写真と実物は7掛けまではご容赦ください。写真のセレクトは相手次第で、本人の好みでもあり、私たちにはなかなか介入できないのです。でも、7掛け以下とご判断されたときはおっしゃってください。お相手のカウンセラーにクレームを入れます」

7掛けどころか別人のようだったわけだが、クレームを入れるのは大人げない気がした。

「会ったらあまりにも写真と違っていた場合、チェンジしてもいいですか？」

冗談交じりで聞いてみた。

「それはいけません！　結婚相談所はそういうお店とは違います」

本気でたしなめられた。

後にお見合いをした女性たちから聞いたところによると、プロフィール写真と実物が別人のような男も多いらしい。写真では髪があったけれど、実物にはない。写真では髪が黒かったけれど、実物は白い。写真は細身だったけれど、実物は太鼓腹。これらのケースは珍しくないらしい。

ゴマ油を塗ったような顔

婚活アプリも同様だが、結婚相談所も、プロフィール写真が重要であることがよくわかった。実物とのギャップがあってはいけない。対面したときに不信感を抱かせる。とはいえ、写真でできるだけいい印象を与えたい。そうでないと、お見合いが成立できないからだ。

そう思いつつ、自分のプロフィール写真をながめる。いいのか、よくないのか、自分ではわからない。

「婚活は順調かい？」

仕事の取材の帰りに寄ったカフェで、いつも組んでいる編集者に聞かれた。

彼は大学の同期で、約40年の付き合いになる。男性誌の編集長であり、一緒に取材に出かけることも多かった。

彼は結婚して20年目を迎え、大学生の息子がいる。仕事もエネルギッシュだが、プライベートも盛んで、筆者の知る限り、常に3人以上の女性と付き合っている。このように一人で複数の女性と交際する男がいることも、結婚できない男女を増やす原因になっている。複数の女性と交際する男がいると、その分あぶれる男がいる。それに、彼が交際する3人の女性は婚期が遅れる。

そのときはもう10年以上関係が続いている40代後半のラグジュアリーブランドのプレスを筆頭に、30代後半、30代前半、20代後半と続き、22歳の女子大生まで5人の恋人がいた。

「オレの恋愛は浮気ではない」

彼はいつも主張した。

「全員本気だ」

そう言うだけあって、経済力にものを言わせ、5人の恋人すべてと同じように交際している。性欲は異常に強く、アラカンにしてなお、ひと晩に5戦は交えるらしい。元気な夜は7戦までいくと豪語していた。

「7回目も射精するのか?」

驚いて訊いた。

「もちろん」

彼は胸を張った。

特別な体質なのだろうか。平熱は37・5度。活動が活発な小学生よりも高く、近くにいると実際に熱を発しているのを感じる。

筆者の性欲は明らかに下降線を描いている。40代までは、交差点で信号待ちをしていると、向かいで青信号を待つ女性の右から左まで、全員と関係したいと思った。しかし、いつからか性的な関係がうっとうしくなってきた。レストランで女性と食事をしていても、早く帰りたいなあー、原稿書かなくちゃいけないんだよなあー、などと考えるようになった。

編集者の友人が交際する一人、22歳の女子大生に、彼のどこが好きなのか、訊ねたことがある。3人で食事中、彼が仕事の電話で席をはずしたときだった。

「とっても優しいんです」

その女子大生は恥ずかしそうに打ち明けた。

「どう優しいの?」

すると、彼女はさらに頰を赤らめた。

「私のアソコ、1時間もなめてくれるんです」

筆者は椅子から落ちそうになった。まるで犬ではないか。

しかし、驚きはすぐに尊敬に変わった。アラカンになっても20代の恋人の大切なところを1時間もなめ続けるなど誰にでもできることではない。ほとんどの男は自尊心がブレーキをかける。しかし、彼はよろこんでやるのだ。

その男に婚活の成果を訊ねられた。

「大苦戦だ」

即答した。

「1か月に20人に見合いを申し込んで19人に断られた」

付け加える。

「それはひどいな。打率0割5分じゃないか」

「われながら情けない状況だ」

「トラウマになりそうだな」

「思うままを答えてほしい。君の目から見て、オレはどうだ？　結婚相談所のホームページのプロフィールはうそはつけないが、写真はさしかえられる。髪型とか、眉の形とか、どんなことでもいい。容姿について遠慮せずにアドバイスしてくれないか」

懇願した。

「言っていいのか？」

「えっ、あるの？」

「ある。言っていいか？」

念押しされた。

「もちろんだ」

「そうか……、なら、正直に指摘させてもらおう。怒るなよ。君について、実はずっと気になっていたことがある」

「もったいぶらずに、早く言え」

身構えた。

「化粧はやめたほうがいいんじゃないか」

思いもよらぬ指摘だった。

「化粧？　オレが？」

「そうだ」

「化粧なんて、生まれてから一度もしたことはない」

「えっ」

彼はこちらの顔を見返した。

「していない」

もう一度言った。

「うそつくな。じゃあ、なんでそんなにてかてかした顔をしてるんだ？」

「悪かったな。これは自前の脂だ」

「ほんとか！」

「驚くほどじゃないだろ」

彼はさらにこちらの顔を見つめる。

「自前の脂でそんなにてかるのか?」

「よけいなお世話だ」

「顔、毎日洗ってるのか?」

「当たり前だ。これでもきれい好きなんだ。自前の脂が多いと、顔が汚れる。街を歩くと、浮遊している埃を吸着して、真っ黒になる」

「ハエ取り紙みたいだな。だったら、プロフィール写真だけど、もし再撮影できるならば、顔をよく洗って撮れ」

「わかった……」

それでもまだ、彼は何か言いたそうな表情をしている。

「ほんとうに化粧はしていないんだな?」

「何度言わせる。していない。したこともない。オレが家でこそこそ化粧をしていたら、気持ち悪いだろ?」

「ああ。君が化粧をする姿も、化粧をするその気持ちも気味が悪い」

「だから、してないって言ってるだろ」

帰宅すると、すぐに相談所のホームページにある自分の写真を再確認してみた。確かにてかっている。ゴマ油を塗ったようだ。写真を撮り直そう。ちょっと腹は立ったが、長年の友人のアドバイスには素直に従ったほうがいい。

女性は男性の経済力と容姿で判断

プロフィール写真を替えてからは、明らかにお見合いの成立数が増した。婚活市場でまだ自分に商品価値があるとわかり、ほっとした。

お見合いをするには一回につき5000円を相談所に支払うわけだが、お金を払ってまで自分と会いたいと思ってくれる女性がいる事実は救いだ。ただし、自分が魅かれる女性とはなかなかお見合いが成立できず、そうでない女性から申し込んでもらえる状況には変わりはなかった。

パソコンのプロフィール画面では、人柄まではわからない。だから、写真を見てお見合いを申し込む相手を選ぶことになる。ほかの男性会員も条件は同じなので、見た目の雰囲気のいい女性には人気が集中し、倍率は高い。お見合いを申し込んでも断られてばかりだ。

また、自分が中高年だと、申し込んでくれる女性もまた中高年だ。すると、子どもがいるケースが多い。相手の離婚歴は気にしていない。それでも、子どものいる女性との再婚には腰が引けた。もし、その子が男の子で、中学生くらいだったら――と考えると消極的になる。今の中学生は体が大きい。反抗され、殴られるのが怖い。子どもがいる場合は、いくつか、男の子か女の子か、そしてどんな性格なのか、気になったが、そこまではプロフィールに書かれていない。

そしてさらに、ある傾向に気がついた。筆者とのお見合いが成立する女性は、専門職がほとんどだ。堅実な会社員でデスクワークをしている女性はフリーのモノ書きを好まない。自営業の男には、将来的・経済的に不安を感じるのだろう。

ふり返ると、過去に交際した女性はすべて、親が自営か経営者だった。きっと偶然ではない。彼女たちは不安定な職業に免疫があったのだろう。

会社員は会社員と結ばれ、自営は自営と結ばれる。それがどうやら自然のルールのようだ。

女性は男の経済的な側面にとくに敏感だ。

第16回出生動向基本調査（国立社会保障・人口問題研究所）の「2021年社会保障・人口問題基本調査〈結婚と出産に関する全国調査〉」によると、シングルの女性の91・6％が、結婚相手の条件として「経済力」を重視あるいは考慮すると回答している。これは「人柄

（98・0％）」「家事・育児の能力や姿勢（96・5％）」「仕事への理解と協力（93・4％）」と並んでかなり高い数値だ。

一方、同じ調査で、男性が女性に結婚相手の条件として重視・考慮する条件は、上位から「人柄（95・0％）」「家事・育児の能力や姿勢（91・5％）」「仕事への理解と協力（88・5％）」「容姿（81・2％）」となっている。

実際に結婚相談所では個人事業主であることを理由にうまくいかないことがあった。

結婚相談所で純愛

結婚相談所では約二年で30回くらいお見合いした。しかし、成婚にはいたらなかった。こちらが気に入ると、相手は気に入ってくれない。相手が気に入ってくれると、こちらは煮え切らない。そんなケースがくり返された。

結婚相談所や婚活アプリのような条件から入る婚活ツールにありがちな現象だ。男は自分よりも年下の女性に申し込む。20代の頃は年上の女性が好きだった。しかし、自分が年寄りになってくると、積極的に年上にはいかなくなる。アラカンだと、年上は高齢者になってしまうからだ。身の程知らずと自覚しながらも、玉砕覚悟でひと回り若い女性にも行く。それでお見合いが成立しづらくなる。

女性もそのあたりは同じで、玉砕覚悟かどうかはわからないが、年下の男にアプローチする。だから、筆者に対しては60代後半あたりの申し込みが多い。その結果ミスマッチが生じる。

それでも一度、結婚相談所で出会い本気で好きになった女性がいた。

相手の女性は当時アラフィフ。婚歴はない。個人レッスンで画を教えていた。彼女のほうからの申し込みだった。美しい女性だった。気の強い女性だった。筆者は気の強い女性に弱い。

自宅が同じ沿線だったので、お見合いの場所は近くのホテルのラウンジ。それまでのお見合いとは比較にならないほど会話は盛り上がった。

婚活をしているいきさつ、仕事のこと、好きな映画や音楽について、高揚して話したと思う。彼女も美大を出てずっと画を教えていること、長い恋愛に敗れて婚活をはじめたことなどを話してくれた。結婚相談所ではすでに7人の男性に会ったという。いい人過ぎてつまらない男性と、明らかにセックスが目的の男の両極端だったと言った。

二日後にも食事をした。さらに二日後には映画を観た。翌週も翌々週も食事をした。住まいが近いので、地元でもよく飲食した。何度会っても話題は尽きない。この女性とゴールできるかもしれない――。そう考えるようになった。

あっという間に相談所内交際期限の3か月が近づいた。そのときに初めて、彼女がほかに5人の男性会員と同時に会っていることがわかった。筆者と会っていたのは週に2、3回。さらに5人と会っている事実には驚かされた。しかし、よく考えると、彼女は結婚相談所を実に有効に活用していたと言えるだろう。

結婚相談所を通して彼女が交際終了の連絡をしてきたのはその二日後。さらにその翌日、本人からもLINEでメッセージが届いた。

「相談所での3か月間の交際、ありがとうございました。とても楽しい時間でした。でも、結婚を前提としてのお付き合いは難しいと感じたので、すみません。お会いしている過程で、私は安定したお仕事をしているかたと静かに暮らしていきたいのだと気づきました。ご縁はありませんでしたが、おたがい頑張りましょう」

相談所内交際を終了した相手とは直接連絡を取り合ってはいけないルールだ。それでも、気を遣ってくれたのだろう。

がっかりしたけれど、精一杯見栄を張ってレスポンスをした。

「交際終了のこと、相談所からも連絡が来ました。残念ですが、しかたがないことだと思っています。お目にかかれなくなりましたが、これからもお体だけは大切に。幸せをお祈りしています」

その日から身体に力が入らなくなった。朝目が覚めると、視界がぼんやりとして、まるでヴェールに覆われている気がした。

「ああああー！」

天井に向かって叫び、自分に喝を入れて起き上がる。

まさか中高年になって足腰立たないほどの失恋をするとは。ふられることにはとっくに免疫があると信じていたのに、アラカンにもなって打ちのめされた。

その時期、二人の女性からお見合いの申し込みをもらった。どちらも30代後半。肉感的な会社員とスレンダーなダンサーで、どちらも積極的。相談所のルールなどいっさい気にせずに、すぐにうちに泊まりにくるようになった。筆者は失恋で正常な判断力を失っている。土曜日と日曜日はそれぞれとセックスしまくった。明らかに相談所のルール違反。でも、そんなことはまったく気にしなかった。やさぐれていた。

「オレ、人としてどうなの？」

1か月くらいして、少しだけ冷静さを取り戻し、自分に問うた。人間失格ではないかと思ったのだ。会社員とダンサーには頭を下げて交際をやめ、心がニュートラルになるように努めた。

画の先生とは、実は相談所を退会した半年後に再会した。突然ご機嫌うかがいのLINEのメッセージが来たのだ。

平日午後のカフェで待ち合わせると、変わらず美しく気の強い彼女が現れた。筆者との交際を断った後、大手電機メーカーの男性と成婚退会をしたという。経済的な安定を優先させたそうだ。他界した父親が生前に話していた言葉も意識したと言った。

「40歳を過ぎて家を建てていない男と結婚してはいけない」

いつも言われていたそうだ。彼女の父親は安全対策を行う会社のオーナー経営者。一人娘で溺愛されていたという。

久しぶりに画の先生に会ってテンションが上がり、どれほど思っているか、一緒にいた時間がどれほど楽しかったか、真っ昼間のカフェで3時間以上口説いた。思いつくことをすべてうったえた。考えてみると、約3か月の結婚相談所内交際のときにはしっかりと気持ちを伝えていなかった。ふられることを恐れたのだ。断られたら二度と会えないと思った。断られたら連絡NGのルールがあったからだ。積極的に口説いていなかったことを悔やんでいた。筆者のテンションの高さに、彼女はあきれ、カフェの店員もあきれ、隣のテーブルの女性客も明らかにあきれていた。しかし、ひるまなかった。

結局努力は実らなかったが、気持ちの整理はついた。その後少し時間はかかったが、落ち着きを取り戻していった。カフェのあの3時間は、心の治療だったと感じている。

プロフィールに自信があれば結婚相談所を選ぶ

結婚相談所での婚活はコストがかかる。アルトマン全盛の1980年代ほどではないが、婚活アプリや婚活パーティーと比べると高額だ。

その代わり、安心・安全がかなり担保されている。登録者は、身分証明書だけでなく、卒業証明書や独身証明書や年収証明も提出しなければ入会できない。

つまり、基本的には、にせものはいないし、学歴詐称者もいないし、妻子持ちもいないし、年収詐称者もいない。

筆者は確定申告の際など、公的には「個人事業主の文筆業」に該当し、複数の出版社から収入を得ている。その各社から送付されてきた源泉徴収票のコピーをクリップでとめて、相談所に提出した。面倒くさかったし、自分の懐具合を他人に見せるのはかなり抵抗があった。でも、それだけの手続きを踏まなければ登録できないのが結婚相談所だ。

だから基本的に、詐欺や物販の営業や宗教の勧誘や投資の勧誘もない。厳重にチェックしているのだろう。会員一人についての〝客単価〟が高いから、婚活アプリほど登録者をたくさん集めなくてもビジネスが成立する。スタッフの目が行き届く。当然、結婚へ向けて本気度の高い男女が集まっている。

ただし、人には向き不向きがある。結婚相談所に登録すれば誰もが結婚できるわけではない。

では、相談所ではどんなタイプが成果を上げやすいか――。

男性であれば、高学歴、誰もが社名を知る一流企業勤務や公務員など社会的に評価の高い組織に属している人、医師や弁護士のような難易度の高い国家資格を有する師士業に就いている人などだろう。

女性であれば、名門女子大、いわゆる〝お嬢様学校〟を卒業しているか、あるいは一般職だったとしてもだれもが社名を知る企業に勤めていることではないか。育ちがいいと思われやすいプロフィールが好まれ、成果は上がる。

結婚相談所は、まずプロフィールで強くアピールできないと、お見合いをリクエストされない。リクエストしても応じてもらえない。プロフィールに強みがある男女が、結婚相談所では圧倒的に有利だ。

婚活アプリはいくらでもうそやごまかしができる。そして、うそやごまかしがあることが前提で登録している。だから、プロフィールも、6掛け、7掛けで解釈する。一方で、結婚相談所はプロフィールがそのままその会員の評価になる。

結婚相談所は社交性に自信がない男女向け

結婚相談所においても、ほかの婚活ツールと同じように、年収の高い男の人気が高い。相談所のアドバイザーを取材した際も、女性会員はやはり高年収の男性会員とお見合いしたがると話していた。

ここは筆者が登録したいくつかの結婚相談所とは別の会社だが、多くの女性会員が入会時はピュアな気持ちで活動をスタートさせるという。しかし、複数の相手からお見合いを申し込まれるようになると、年収の高い順番にお見合いのセッティングをリクエストし始める。

でも、それはしかたがない。相手の性格は会ってからでないとわからない。会ってもなかなかわからない。ならば、数値化されていてわかりやすい年収の順にお見合いをしてしまうのは健全な判断ではないか。

ただし、そのアドバイザーによると、何人も会っていると自分がどんな男性を求めているのかがわからなくなってくるらしい。その結果、人柄よりも年収を基準に相手を選び、ほんとうに自分にふさわしい相手と出会えなくなるケースが少なくないという。そんなミスを犯さないように、アドバイスする。そう考えると、優れたカウンセラーに出会うこと、カウンセラーといい関係を結べることが大切だと感じる。

また成婚が早い男性は、女性を一所懸命楽しませて、相談所規定の交際期間内も二人の時間を最優先し、仕事の時間とプライベートをきっちりと分けている人だという。

この話を聞いたときは、かんたんなことのように思えた。しかしよく考えると、実際に行うのは難易度が高い。定年退職しているならともかく、50代までは忙しい。女性を楽しませることにばかり時間を費やしてはいられない。

筆者のような定年のない職業だと、ずっと働かなくてはいけない。女性の側も働いてほしいと思うだろう。その上で楽しませるとなると、時間のやりくりもエネルギーを注ぐあんばいもかんたんではない。

一方成婚しやすい女性は、自分の好みに執着し過ぎないタイプだという。

その相談所の登録者は中高年以上が主なので、離婚歴がある、子どもがいる、仕事をリタイアしている男性がほとんど。にもかかわらず、そういう条件を全部NGにする女性もいるそうだ。当然なかなかお見合いは成立しない。40年、50年も生きてきて、プライベートが身ぎれいな男性はほとんどいない。過去に何もないほうが、むしろ心配だ。

なのに、無茶なリクエストもあるそうだ。「東大卒かドクターしかお見合いしたくない」という60代後半の女性もいたらしい。10歳以上年上でもかまわないとは言ったそうだが、80歳でシングルの現役ドクターなどは世の中にほぼ存在しない。その話を聞き、結婚相談所の仕事もつくづく苦労が多いと知った。

アドバイザーによると、社交性がないと自覚している人、人見知りの人は、相談所が向いているそうだ。だから、初対面の人と話す機会の少ない経理や技術職の会員は多いらしい。社交性の部分は担当カウンセラーがサポートできる。おそらく相談所にとっても得意のタイプなのだろう。

そして結婚相談所も、婚活アプリ同様、登録者数が多い会社を選ぶべきだと思った。少なければ、その分お見合いは成立しない。筆者は登録者数の少ない相談所にも登録したが、ほとんどお見合いはできなかった。

会員数の少ない結婚相談所はたいがい「会員数が多ければお見合いがたくさんセッティングできるわけではありません」と言う。しかし、信じてはいけない。登録者数が少ないのに、お見合いが数多く行えるはずがない。

第4章
社交性が反映される婚活パーティー

婚活パーティーの原点はとんねるず？

日本のあちこちの街で婚活パーティーが開催されるようになったのは1990年代。当時フジテレビ系でお笑いコンビ、とんねるずがMCを務める『ねるとん紅鯨団』という人気バラエティー番組を放映していた。その中に一般男性と一般女性が複数参加し、会話をして告白する恋愛コーナーがあり、それをヒントに生まれたのが婚活パーティーだった。

そのため当時の婚活パーティーは〝ねるとんパーティー〟と呼ばれていた。実際に学園祭ノリでエンタテインメント色が強く、大勢の男女が集まる。総勢50名を超える大パーティーも珍しくなかった。会場の照明は暗めで、ブラックライトが青く光り、天井から吊られたミラーボールが回る。

2時間ほどのパーティーでは、最後には男女とも興味を持った相手に告白し、相思相愛状態になると、カップル誕生。ファイナルで参加者全員の前で発表され、司会者からインタビューされ、拍手で祝福される。完全に『ねるとん紅鯨団』のパクリだった。

会場には大音量で音楽が流れ、大拍手や笑い声のSEで盛り上げ、自意識過剰系の司会者が「イェーイ！」「コングラチュレーション！」と煽りに煽る。

カップルになれればうれしいけれど、思い切り恥ずかしい。カップルになれなければ残念なだけでなく、自分がアプローチした相手がほかのパートナーと仲よく帰るのを見せつけられて悔しい。かなり居心地の悪い演出だ。

参加者よりも主催者側がとんねるずになり切ってはしゃぎ、盛り上がっているように感じた。案の定こういうワルノリ系のパーティーを楽しめない大人は多かったようで、1990年代の間に徐々に淘汰されていった。

大人気企画だった自衛隊限定パーティー

やはり1980年代からさかんに開催されていたのが、職業を限定したパーティーだ。たとえば、医師・弁護士限定パーティー。男性参加者は医師や弁護士に限り、彼らは参加費無料。その分彼らと結婚したい女性が高額な参加費を払って集まっていた。しかし、医師・弁護士が社会にそんなにたくさんいるわけではない。それに彼らの多くは忙しい。結果的に時間に余裕のある医師・弁護士が何度も参加し、一人の男が何人もの女性と交際することになる。

女性の職業を限定するパーティーも行われた。たとえば、モデル・CA限定パーティー。女性参加者はモデルやCAに限り、彼女たちは参加費無料。その分彼女たちと結婚したい男性が高額な参加費を払って集まっていた。こちらでは男たちがアクセサリーやバッグを貢がされる傾向があった。

当時、婚活パーティー会社のスタッフに取材したことがある。医師・弁護士限定パーティーも、モデル・CA限定パーティーも、カップリング率は低いという話だった。結婚相手を見つけるのではなく、男性はナンパ、女性は男に貢がせることを目的に参加するケースが多かったという。

その一方で、純粋に人気があり、カップリング率や成婚率の高い職業限定型パーティーもあった。自衛隊員限定パーティーだ。

会場は駐屯地内。あるいは駐屯地周辺のレストランやカフェや公民館など。男性参加者は自衛隊員。彼らは女性との出会いに恵まれていない。自衛隊には、その職業的な性質上、女性が1割もいない。パーティーは女性と出会えるとても貴重なチャンスだ。

当時、自衛隊員と親しくなりたい女性は全国から集まった。女性には、制服フェチがかなりいた。かわぐちかいじ作の漫画『沈黙の艦隊』が女性たちに大人気で、マニアといえるレベルのファンも多かった。

自衛隊は公務員。収入は安定し、福利厚生も充実している。しかも常に身体を鍛えていて逞しい。そういう男性を求め、女性参加ワクは開催が発表されるとすぐに定員一杯になった。

１９９０年代の後半から主流になったのは2部制のパーティー。前半は相手をチェンジしながら、男性参加者は女性参加者全員と、女性参加者は男性参加者全員と一対一で会話する。これは回転寿司スタイルと言われた。女性が円を描くように配置され、その外周を男性が相手を替えて移動していく。後半はフリータイム。前半の〝回転寿司〟で気に入った相手と自由に会話を楽しむ。トータルで2時間ほどの婚活パーティーだ。

ねるとんと違うのは、司会者が男女ともダーク系のスーツをきちんと着ていること。そして参加者を煽らない。はしゃがない。テンションも抑え、大人の雰囲気になった。

参加者は男女15人から20人。一対一で会話する時間が3分ほど。ある程度きちんと話ができる環境が確保された。ＢＧＭも静かな音楽が選ばれた。また、カップル発表が行われなくなったので、誰と誰がカップルになったのかはわかりづらい。恥ずかしくない。

１９９０年代から２０００年代、筆者は情報誌の記者だった。２０００年代の後半に何度か出会い特集も担当、婚活パーティーを取材した。すでにねるとん系のパーティーは減り、真剣度の高い婚活パーティーが主流になっていた。娯楽性よりも実質を追求していた。

会場はホテルの会議室、宴会場、あるいは週末に休業しているバーなどだ。

筆者は当時、離婚して数年経った時期。懲りずに再婚したいと思っていた。一人暮らしに寂しさを感じ、婚活を本気で行うことにしたのだ（まだ「婚活」という言葉は生まれていなかったが）。

婚活パーティーの参加費は男性が1万円くらい、女性が5000円くらい。単価は高く設定されていた。婚活は依然モテない男女の集会のイメージがあり、集客にも苦労していたのかもしれない。

婚活先進国だったアメリカ

日本でまだ婚活がスタンダードではない、モテない男女の集まりとされていた時代に筆者が抵抗なく婚活パーティーに参加したことには理由がある。

1990年代から2000年代、仕事で頻繁にアメリカを訪れていた。前述した映画『ユー・ガット・メール』が象徴するように、すでにアメリカの都市部では婚活が積極的に行われていた。とくにニューヨークで婚活は盛んだった。東京よりさらに結婚難だったのだ。

出会いのために犬を飼うニューヨーカーもいた。マンハッタンに住み犬を飼う場合、オフィス街やラグジュアリーブランドが並ぶアヴェニュの人混みで散歩させるわけにはいかない。万が一人に噛みついたら、大変な訴訟問題になる。散歩に連れて行く場所は公園しかない。広大なセントラル・パークが散歩のメッカだった。

早朝、犬とともにセントラル・パークを歩くと、同じような男女がたくさんいる。犬同士が仲よくなる。その飼い主同士にも恋が生まれる。おとぎ話のような現実の話だ。

2018年に廃刊してしまったが、ニューヨークには『ヴィレッジ・ヴォイス』という週刊のタブロイド紙があった。街中のブルーのボックスに配達され、誰もが無料で読むことができた。内容はコンサートや映画などエンタテインメント情報。一時期は25万部を誇る媒体だった。その後ろのほうのページには、結婚相談所や個人でお見合いビジネスを行っている人の広告がぎっしりと掲載されていた。

日本人を対象にした婚活会社を展開する女性経営者たちとも知り合った。彼女たちのオフィスはウォール・ストリートで、主に日本人男性と日本人女性とのお見合いをセッティング。男性会員は金融や商社やメーカーの駐在員。女性はマンハッタンで働くビジネスレディや語学系を中心とした学生だった。

ニューヨークに駐在する日本人男性はエリートだ。裕福で、帰国すれば社内でいいポジションが用意されている。

ニューヨークには日本人男性を主な客とする「ピアノバー」と呼ばれる店がいくつもある。日本でいうキャバクラで、たくさんの日本人女性が働いていた。夢を抱いて渡米したものの仕事がなく、ピアノバーで働くようになった女性たちだ。

ニューヨークは世界一物価が高い。東京で暮らすよりもはるかにお金がかかる。彼女たちは経済的に豊かな日本人駐在員との出会いを求めていた。ニューヨークで日本人男女のお見合いをセッティングするビジネスはとても需要があった。

さらに、アメリカ人男性と日本人女性のお見合いも需要が高かった。アメリカでは日本人女性は人気が高い。おしとやかだと思われているのだ。

個人差はあるものの、アメリカ人の女性は概して気性が激しく、日本人の気の強い女性の比ではない。それに、日本人は肌がきれいなので、アメリカ人の目には10歳くらい若く見える。50歳なら40歳、40歳なら30歳。20代だと子どもに間違えられて飲酒喫煙をとがめられることも珍しくない。

ニューヨーク在住の日本人女性の多くも、アメリカ人男性を求める傾向がある。レディ・ファーストだからだ。日本人の男性は封建的なタイプが多い。いばりたがる。一方、ニューヨークの男性には女性へのいたわりが自然に身についている。愛情表現も豊かだ。「ベイビー」とか「ハニー」とか「アイ・ラヴ・ユー」を恥ずかしがらず言葉にする。

余談になるが、筆者自身、あさましくも、婚活ビジネスを手掛けようと企てた。ニューヨーク婚活ツアーだ。

日本でシングルの女性を募って、3泊5日あるいは5泊7日でニューヨークへ引率する。毎夜お見合いをセッティングする。昼間は観光してもいいし、ブロードウェイ・ミュージカルを観てもいいし、お見合いに備えてビューティサロンを訪れてもいい。5番街やマディソン・アヴェニュで服を選んでもいい。

そんな文化、婚活ビジネスに接していたこともあり、まったく抵抗を感じることなく、日本でも婚活を行うようになった。

1990年代の日本は今ほどインターネットが普及していなかった。だから、雑誌に掲載されている広告で開催スケジュールを確認し、電話で申し込む。

まだ玉石混淆の時代。誠実に開催しているパーティーもあったが、いいかげんな会社も目立った。男性参加者10人に対し女性参加者2人のような極端にアンバランスなパーティーや、明らかにパーティー会社のスタッフの男性が交ざっていることもあった。女性が足りず、会場の近所で集めている状況も目撃した。街で釣られた女性はもちろん参加費は無料。真剣度は低い。そんな質の悪いパーティー会社は2000年代には淘汰され、誠実に運営される会社が生き残り、試行錯誤が続いていく。

やがて、婚活パーティーのバリエーションは豊かになった。婚活バスツアー、婚活ハイキング、婚活料理教室、婚活座禅、たこ焼き婚活、ゴルフ婚活、スノボ婚活、婚活クルージング……などが生まれた。

ビギナーズラック

婚活パーティーには500回くらい参加した。

ねるとんパーティー時代には奇跡的に局アナとカップルになり50人くらいに祝福された。男10人対女2人の逆ハーレムパーティーに参加して腹が立ったこともあった。Vシネマの女優をぎりぎりで逃し背中を丸めて帰路についたこともあった。どれだけ参加費を使い、カフェ代を使い、食事代を使い、ホテル代を使ったかわからない。

1990年代に、ねるとん系ではない真剣度の高いパーティーに初めて参加したときのことはよく憶えている。銀座のビルのこぎれいなパーティールームだった。参加者は男女各20人くらいだった。

会場に入ったときにはすでに10人くらいの女性がいたのだが、その全員が出会いを求めているると思うと、小さく感動した。

筆者はまだ30代だった。勝手がわからず、緊張しつつ女性参加者と会話を交した。

当時の婚活パーティーは回転寿司スタイル。

「こういうパーティー、初めて？」

最初に並んで座った二つ年上の女性にやさしく問いかけられた。

「はい。ルールがわからなくてとまどっています」

「大丈夫。一つずつ席を移動して、隣に座った女性と会話をするだけ」

「ありがとうございます」

結局、その年上の女性とカップルになり、帰りにお茶を飲み、食事して、ホテルに入った。彼女から誘ってきた。理由は記憶にないが、食事の後に大塚か巣鴨に移動して、ちょっとましなビジネスホテルにチェックインした。筆者は大塚あたりに縁はないので、女性のほうに事情があったのだろう。彼女は巨大なバストで、その後もときどき食事をした。セックスをしたのは最初に会った一度だけだ。

その一度が婚活者としてはよくなかった。ビギナーズラックだとは思わなかったのだ。その後何回か婚活パーティーでカップリングしたら、女性はホテルに行くつもりなのだと思ってしまった。だからカップリングしたら、お茶をして、食事をして、ホテルに行こうとする。相手に「えー！」と驚かれ、あきれられ、二度と会ってもらえない。失礼なことをしてしまった。

銀座のホステスと交際

婚活パーティーに参加し始めたころに新鮮だったのは、異業種の人と会話ができることだ。筆者は出版業界なので、ふだんは編集者、フォトグラファー、グラフィック系のデザイナーなどとばかり会う。金融、商社、メーカー、医療などに従事する人や公務員にはほとんど接触しない。ところが婚活パーティーには、あらゆる業種・職種の人がいる。

婚活パーティーを通して最初に交際した女性は銀座のホステスだった。銀座のホテルで行われたパーティーだった。男女20人くらいずつ集まっていたが、そのなかで二人の女性だけ、明らかに輝きが違う。衣装にも、メイクにも、バッグにも、お金がかかっていた。容姿の美しさで仕事をしていることがよくわかった。

しかし、婚活パーティーでは華やかな女性は意外にも一番人気とはならない。おとなしそうな、従順に見える女性に男は群がる。萎縮しないからかもしれない。その点、筆者は単純だ。孔雀の羽のように華やかなものに吸い寄せられてしまう。ホステスのうちの一人を積極的に誘った。その日は運がよかった。

フリータイムでも長く会話し、カップリングできた。しかも、ホステスは隣町に住んでいたので、仲よく電車に揺られて帰った。

銀座のホステスと出会えるのは婚活パーティーならでは。そんな業種の女性と、ふだんの生活では接触しない。婚活は業種や職種の壁を超える。

しかし交際し始めると、問題は多かった。

まず、仕事のタイムテーブルがまったく違う。筆者には当時オフィスがあり、スタッフがいたので、自分のキャリアのなかでもまあまあ規則正しい生活を送っている時期だった。朝10時には出社し遅くとも夜9時から10時には帰宅していた。一方彼女は午後3時から4時に起床し夜8時に出勤する。同伴があるときは6時か7時だった。その後12時まで店で働き、毎日午前1時にうちにやってくる。

深夜の1時は、僕はもうまぶたが閉じかけている。しかし、彼女はまだ元気一杯。銀座の店で働いていたままのハイテンションで、目はギンギラギンだ。こちらが眠ることを許さず、その日に店で起きた出来事をしゃべりまくる。しかたがなく夜明け近くまで会話にお付き合いし、睡眠不足のままオフィスへ行く。寝不足が続き、疲労がたまり、仕事にならない。

これでは身体が持たないと思い、毎日会う必要はないのでは――と彼女に提案した。

しかし一蹴。

「私に毎日会いたくないの？　そんなことを言うのは愛情がないからだわ」

般若のような形相だ。きれいな女性が怒るととても怖い顔になる。

会話の途中で、睡魔に抗えず、何度か寝落ちした。どれくらい時間が経ったのか、覚醒すると、目の前に彼女の顔があり「起きた？」と言ってにっこり笑った。怖かった。

眠くてつらいことをあらためて打ち明けた。しかし、言い返された。

「あなたよりも私のほうがつらいわ」

言い返せなかった。

それでも説得を続け、会うのは一日おきにしていただいた。

すると、会わない日も深夜に電話がかかってくる。情が濃い人なのだ。何時間も話すので、睡眠不足は解消されない。電話に出ないようにしたら、携帯電話と固定電話が何度も何度も交互に鳴った。

電話を音が鳴らない設定にして就寝した。すると、訪ねてくる。

「私からの電話に出ないなんて、愛情がない証拠！」

激怒された。

もう無理だ——と弱り果てていると、週末の昼間、突然ファックスが作動した。ダダダダダダと感熱紙が出てくる。彼女からだった。

「もう別れましょう」

自筆で書かれていた。

「承知しました。ありがとうございました」

こちらからも自筆のファックスを送った。

彼女とは生活のサイクルが正反対だった。交際するには困難が多過ぎた。このように、婚活は生活のサイクルが違う者同士が出会ってしまう。会わないはずの男女が会ってしまう。すると、おたがいになかなか理解できず、不幸な結果になる。

極道の元情婦とも。女性ドクターとも

青山のホテルで開催された婚活パーティーでは、極道の親分の情婦をしていた40代前半の女性と出会った。そのようなキャリアの人とは日常ではなかなか出会えない。パーティー会場での彼女はとくに変わった雰囲気はなかった。

彼女に連絡先をわたし、その夜のうちに連絡をもらった。この時点で、彼女が親分の情婦だったことは知らない。

一週間後の週末に彼女をジャズのライヴに誘った。ちょうど2席確保していたのだ。その次の週末に食事をした後、彼女はうちに泊り、自分のバックグラウンドを話し始めた。美容系の会社に勤めていること。婚歴が一度あること。そして、親分の情婦をしていたこと。20代のころに都内のホテルでパーティーコンパニオンの仕事をしていて、会場で見初められたという。その親分は筆者も名前を知る大物。緊張した。

彼女と入浴すると、背中をていねいに流してくれる。誰にしつけられたのだろう。それを思うと、また緊張した。

半年ほど交際したが、彼女の話はいつも抜群だ。20代で二度も拉致されているという。拉致体験のある人など、自分のまわりには一人もいない。自宅を襲撃されて山の中のラヴ

ホテルに連れていかれた話はスリリングだった。さらった男がバイアグラを過剰摂取して嘔吐し始めたすきに部屋を脱出。フロントの奥に朝までかくまってもらったそうだ。

青山の会場で行われたパーティーでは、40代前半の女性ドクターとも出会った。精神科の開業医だ。週に二日、大学で教鞭もとっていた。東京湾を望めるタワーマンションで暮らしていた。

「仕事も日常生活も充実しています。あとは、穏やかな気持ちで週末を過ごせるセックスが私には必要なのです」

まじめに言われた。ドクターという職業はセックスも理詰めで考えるのだろうか。彼女が特別にそういうタイプなのだろうか。こちらは単純に性欲のおもむくままセックスをしてきた。

彼女のマンションに誘われたのは二度目の食事の後。部屋はきれいに片づけられ、無駄なものが何一つなかった。彼女のセックスはとても貪欲で、ひと晩にいく度も求めてくる。会話をしていても、ベッドの上でも、彼女の視線が気になった。こちらに真っ直ぐに向けられず、いつも左右に泳いでいるのだ。

かつて、ある著名な男性の精神科医を連続でインタビューした。そのときに彼がくり返し言ったことをよく憶えている。

「精神科医は自分の精神が病んでこそ一人前」

精神科医は毎日朝から夜までカウンセリングを行っている。精神を病んだ患者さんと話をしている。本気で患者さんと向き合っていたら、正常でいられるはずがないというのだ。正常でいられたら、それは患者と真剣に向き合っていない証しだという論調だった。

彼女は優秀なドクターなのだろう。病院には遠方からも患者がやってくる。大学では後進の育成にも力を注いでいる。それだけ熱心に、生真面目に仕事をしていて、健全な心を維持するのは難しそうだ。

「お金は私が稼ぎます。あなたは書きたいものだけを書いていてください。本が売れるかどうかは気になさらずに」

彼女は言ってくれた。ありがたいような、ありがたくないような。

「パートナーに食べさせてもらいたいのか？」

自分に問いかける。

そういうわけではないと思った。楽をしたくて結婚するのではない。

本を書いても、売れたり売れなかったりする。いや、ほとんどは売れない。それでも、自分の書いたもので暮らしている。頑張っている手ごたえはある。女性ドクターからの提案はご辞退させていただいた。

銀座のホステス、極道の情婦、ドクター……。ふり返るとみんな魅力的だった。婚活産業が活性化する前の時代だったら、まずお目にかかれない女性たちだ。第3章で個人事業主の不利な面を述べたが、レアな職種の女性と短いながらも接点をもてたのは、会社員ではなかったからだと思う。

会社員は会社員と。専門職は専門職と

婚活パーティーではアニメ関係の仕事に就く女性とも出会い、短いながらも交際した。彼女はフリーでアニメ制作にかかわっていて、声は高音域。アニメの仕事だから高音域なのか。高い声だからアニメの仕事をしているのか。とにかく少女のようにしゃべる。

小柄で細身の女性だった。いつも首をやや右に傾げている。当時は30代後半だったが、実年齢よりも若く見えた。知らなければ、30歳くらいだと思っただろう。婚活パーティーでマッチングして、帰路食事をした。

「さっきパーティーでプロフィールを拝見しましたけれど、音楽大学を出られたんです

よね？」

　食事はさしさわりない会話から始まった。

「父も母も作曲や演奏を仕事にしていたので、中学からずっと音楽の学校へ通っていました。だから、会社員はまったく考えませんでした。子どものころから本のお仕事に就きたいと？」

「いえ。僕は成り行きです。学生時代にアルバイトでスポーツ新聞の記事を書いて、そのまま。20代で一度出版社に勤めましたが、30代でまたフリーに戻りました」

「離婚歴1回で、お子さんはいらっしゃらないと書かれてありました」

「社内恋愛で結婚して、離婚をきっかけに会社を辞めました」

「元の奥様はまだその会社に？」

「さあ……」

　離婚後は元妻との交流はない。

「そういうとき、女性側が会社を辞めるほうが多いですよね？」

「僕のほうはフリーライターで食べていけそうだったので」

「優しいんですね」

彼女が微笑んだ。

うれしかった。しかし、実際には、優しいのではない。状況から逃げたのだ。

「結婚する相手への希望は？」

「私はただ仲よく手を取り合って暮らしていきたいです。あとは、お仕事が好きなので、続けることは許していただきたいかな」

「それだけですか？」

「ほかには希望はありません」

「条件がそれだけならば、いい男性、これまでにはいくらでもいたんじゃないですか？」

「私もそう思っていたんですけれど……」

彼女は少し表情を曇らせた。

「いなかった？」

「私、結婚相談所にも登録していたことがあって、5人の男性とお見合いしたんですけれど、皆さん、とても封建的でした」

「封建的とは？」

「仕事は辞めてほしいって、言われました。おうちで食事を作ってお掃除をして待っていてほしいって」

「仕事が忙しい、年収の高い男性とばかりお見合いしたのでは？」

結婚相談所に入会するには収入証明書の提出を求められている。そして、男性会員の場合、その金額はホームページ上のプロフィールでオープンになっていることが多い。

会社員ならば、勤め先からもらう源泉徴収票の写しを提出する。個人事業主で複数の法人から収入を得ている場合は、前年の源泉徴収票のコピーを束ねて渡さなくてはならない。

女性会員も、入会の際には収入証明が必要だと聞いている。しかし、プロフィールに金額はアップされていない。男性会員は、女性の年収はあまり気にしないのだろう。

「自分も働くつもりだから、男性の年収は３００万円以上あればいいんです。実際にはもっと収入の多いかたともお見合いしましたけれど、年収が多い人も、多くない人も、私には仕事は辞めてほしいと」

「でも、たとえば年収３００万円で二人が生活するのは苦しくないですか？」

「やりくりできなくもないけど。男の人ってあまり現実的なことは考えないのかな。実はこれまで、お見合い相手に会社員の男性ばかりアプローチしていました。自分の仕事が不安定だから、安定して収入がある人と一緒のほうが安心だから」

「僕が女性だったら、同じように経済的な安定を優先して考えると思います」

「でも会社員のかたには、私の仕事、なかなか理解していただけないみたいで」

「それで、僕とマッチングしたんですね？」

「自分自身も好きな何かを職業にしている人のほうが、わかり合えるかなと」

組織に属してシステムの中できちんと仕事をする組織人タイプと、自分で仕事を作り出す職人タイプは、そもそも思考が違う。人種が違うといっていいかもしれない。似たような見た目でも、中身がまったく違うので、理解し合うには努力が必要だ。結婚を考えるならば、組織人同士、経営者や自営同士のほうがうまくいきやすい。

もちろん、企業に属していても、自分で仕事を作り出していくタイプはいる。そういう、自分のいる環境を巧みに利用し、成果を上げる人間が組織の幹部になるのだろう。ただし、このタイプは婚活などしない。自力で相手を見つけて、すでに結婚している。積極的だからだ。しかも企業にいれば、周囲にいくらでも女性がいるので、相手には困らない。女性たちも彼のことをほうってはおかない。

アニメ女子とは数か月交際したが、縁はなかった。ベッドの相性がよくなかったのだ。

消えゆくフリータイム。そしてデジタル化

１９９０年代以来、婚活パーティーは時代とともに進化してきた。最初がねるとんパーティーのスタイルだったことはすでに述べた。２０００年代後半からは出会いの真剣度が増し、回転寿司スタイルの一対一対話とフリータイムの2部構成がスタンダードになった。

しかし婚活パーティーのフリータイムは、参加者にとって平等のようで、実はまったく平等ではない。パーティー会社に決められた席によって不平等が生じる。

男性の場合、好みの女性が近くの席ならば、すぐに話しかけられる。遠かったらほかの男性に先を越されてその女性と会話はできない。

積極的なタイプならば、女性と次々と会話できるが、消極的だと誰とも話せない。つまり、早い者勝ち状態だった。自己責任ではないかという意見もありそうだが、そもそもふだんの生活でパートナーを見つけられないのに、お金を払って参加したパーティーでも話せない状況になるのは健全とはいえない。

フリータイムではスタートとともに男性参加者はきれいな女性に発情期のように群がり、実に見苦しい状況だった。話したい相手と会話できずにパーティー会社のスタッフにクレ

ームを言う男もいた。

男は単純なので、容姿のいい人気の高い女性の前に列をつくる。しかし、人気の高くない女性には誰も話しかけない。そういう女性は一人ぼっちの時間を過ごさなくてはいけない。残酷だ。それが続いたらトラウマになりそうだ。

一方で人気の高い女性も、自分の好みの男性と話せるとは限らない。まったく興味のない男がすばしっこく話しにきても避けられない状況だ。こうした問題を考慮して、フリータイムは下火になっていった。

2010年代後半、婚活パーティーは一対一の対話のみで全員がある程度均等に会話を楽しめるスタイルがスタンダードになっている。

婚活パーティーといいつつパーティーではない形式も増えた。個室化だ。

婚活パーティーは長い間、回転寿司がスタンダードだった。女性が円を描くように配置され、その周囲を男性が移動しながら会話の相手を替えていく。ホテルの会議室や宴会場で開催されるので、全体を広く見渡せるが、隣の男女の会話も耳に入る。

男性参加者は目の前の女性をベタ褒めする。数分で相手をチェンジすると、次の女性をまたベタ褒めする。すぐ隣で、一つ前に会話した女性にも聞こえてしまう。バツが悪い。

聞くほうも、聞かれるほうも。おそらくいい気持ちはしない。そこで、ひと組ずつパーティションで仕切る個室スタイルが増えていった。

パーティションは隣のブースの会話はたいがいはまる聞こえだ。それでもほかの男女が視界に入らないと、気が散ることなく、自分たちの会話に集中できる。

デジタル化も進んできた。かつての婚活パーティーは男女が気に入った相手を専用の紙に書いてスタッフに提出し、スタッフが手作業で集計してカップリングしていた。短時間での作業を強いられるので、ミスが生じていたはず。

そこで、参加者名簿や集計はタブレットや参加者が持参するスマートフォンで行うようになってきた。ミスやトラブルは大幅に減少しているだろう。

ねらい目は1時間半男女各10人くらいのパーティー

では、どんなタイプの人が婚活パーティーで成果を上げることができるのか。1990年代からあるメジャー婚活パーティー会社の女性アドバイザーに取材をした。

彼女によると、婚活パーティーは対面に慣れている人が有利なので、男性でも女性でも、営業職に就いている人が向いているそうだ。最初から実物を自分の目で見て会話したいタイプも婚活パーティー向き。成果が上がろうがうまくいかなかろうが自分の責任の範疇でやりたいという人にはお勧めしたい。

パーティーは生身の自分で参加する。表情や声のトーンに心のコンディションが表れる。だから、健康状態がいいとき、仕事が好調なときに参加するといい。

周囲から実年齢よりも見た目のほうが若いという評価の人も、パーティーが向いている。婚活アプリや相談所の場合、実年齢が50歳ならば、童顔だろうが老け顔だろうが、50歳は50歳だ。プロフィールの時点で年齢を基準にジャッジされる。

しかし婚活パーティーでは、見た目年齢で評価されるケースが多い。50歳だったとしても、声に張りがあり、肌がすべすべで、服装も若々しければ、その分高評価になる。アプリや相談所のプロフィール写真は静止画だ。しかし、パーティーはライヴだ。目の前で話し、表情が動き、身振り手振りもあるので、活力が感じられる。

自分の個性を客観視して、あるいは周囲の意見を聞いて、自分に向いた婚活ツールを検討するべきだろう。

婚活アプリや結婚相談所は登録者数が多い会社を選ぶのが基本だと前章、前々章で書いた。人数が少ないと、当然出会いのチャンスも少ない。しかし、婚活パーティーは、参加人数が少な過ぎず多過ぎずのパーティーがいい。少な過ぎるとそれだけチャンスが減る。一方多過ぎると、一人一人と会話できる時間が短い傾向がある。

たいがいの婚活パーティーは、1回1時間30分から2時間で設定されている。一度決まったスケジュールは基本的に長くも短くもならない。ホテルの会議室や宴会場で開催される場合はレンタル時間が決まっている。パーティー会社の自前の会場の場合も、前後のパーティーがフィックスされている。すでに決まった時間尺でパーティーが行われるので、人数が多ければ、その分1回の会話時間は短くなる。

会話時間が3分以下だと、挨拶をしてかんたんな自己紹介をすると、残り時間はほとんどない。相手に強い印象を与えるのは難しい。

これはあくまでも主観だが、1時間30分で設定されているパーティーならば男女各10人くらい、2時間で設定されているパーティーならば男女各15人以内ならば、一人一人とある程度会話ができるのではないか。それより人数が多いとあまり会話ができない。相手の記憶にも残りづらい。

本数は多くはないが、3時間くらいで設定されているパーティーもある。たいがいはディナー、あるいはランチのような食事や飲酒をしながら婚活する企画だ。こういうタイプの場合は男女各15人くらいが妥当に思える。

食事や飲酒を伴うパーティーは、さらに社交性が問われる。このタイプは、たいがいはグループでの会話になる。その環境だと、積極的に会話に参加できる人、リーダーシップをとれる人、周囲に配慮ができる人の一人勝ちになる。グループでの会話に上手に加われないと、ただ飲食して帰ることになりかねない。社交性に自信がもてないならば、飲食を伴う婚活パーティーは避けるべきだろう。

業種・職種に合った会場を選ぶ

婚活パーティーには地域性がある。筆者は東京在住なので、東京都内および近郊のパーティーが対象。さまざまな会場に参加したが、顔ぶれはまったく違う。

まず東京近郊は、あくまでも筆者が参加したものに関してだが、東京都内在住の女性はほぼいなかった。横浜の会場だと、横浜、川崎をはじめ神奈川県在住の人が主。小田原や箱根に住む人たちにとっては、東京よりも横浜のほうが参加しやすいのだろう。同じように大宮の会場は埼玉県在住の人、千葉や船橋などの会場は千葉県在住の人が主と思っていいだろう。

新宿、渋谷、恵比寿、青山のような都内西側の会場は都内および神奈川の参加者が多い。銀座、丸の内あたりは都内も神奈川も千葉もまんべんなくいる。池袋あたりは都内の北部や埼玉在住の参加者が多い。

また業種や職種にも傾向を感じる。銀座や丸の内の会場は堅実な会社員中心。青山や恵比寿の会場は、美容系やクリエイティヴ系が交じる。

筆者は会社員ではないので、丸の内周辺のパーティーに参加すると、女性からまったく相手にされないこともある。堅実な会社員の女性は、堅実な会社員の男性を求めているのだろう。しかし、青山や恵比寿の会場だと自分と同じような業種・職種の女性もいて、理解を得られる。女性のリアクションが明るい。それが結果にも反映され、カップリングの機会も増える。

こうした傾向は関西にもあるのでは。京都、大阪、神戸は、距離が近いのに、住んでいる人のタイプがまったく異なる。女性のメイクもまったく異なる。当然それぞれの土地で行われる婚活パーティーの雰囲気も違うはずだ。

平日夜開催のパーティーでは、業種・職種の傾向はより強くなる。仕事の後その脚で会場を訪れるからだ。このような傾向を考えて会場を選ぶと成果が上がる可能性が高まるのではないか。

婚活パーティーに参加するとさらに気になることがある。婚活への男女の意識の違いだ。女性はワンピースやスーツなどで参加して、男性に好感を持たれようという意識が強い。言い換えると、真剣度が高い。一方、男性は近所にパチンコを打ちに出て来た風が目立つ。〝日曜日のお父さん〟のような弛緩した雰囲気がただよっている。しわしわの綿パンやTシャツ、汚れたスニーカーで参加している男性もいる。デニムでもいいが、身体に合ったサイズのものを選ばないと、だらしなく見えてしまう。

言葉遣いももっと意識したほうがいいと思った。女性は誰に対してもとても自然な敬語で会話をしている。一方男性は初対面の女性に対しても常語、つまりタメ口で話す様子が目につく。ひょっとしたら、親しみを感じてもらおうという意図があるのかもしれない。しかし、女性の意見を聞くと逆効果だ。

女の文句。男の文句

女性たちに婚活で出会った男性で嫌だった体験を聞いたところ、次のようなことを言われた。

- 1回目の食事のときにホテルに誘われた。
- レストランやバーや居酒屋で身体にタッチされた。
- 最初の食事でファミレスに連れて行かれた。
- レストランでお店の人に横柄な態度だった。
- 食事のとき、1円単位で割り勘にされた。
- 猥談をされた。
- 終電ぎりぎりまでお酒に付き合わされた。
- 二人で会ったら、ノープランで街中を歩かされた。
- クルマで真っ暗な埠頭に連れて行かれて抱きしめられた。

どれも納得できるが「ホテルに誘われた」は、耳が痛かった。筆者がビギナーズラックによって犯した過ちだ。

ただし初ご飯の後に女性から抱きしめられたり、キスをされたりしたり、もっと情熱的な体験をすると男は勘違いしてしまう。アラカンのデカ顔でもそういう体験をするのだから、小顔イケメンの男性は頻繁にアプローチされているのではないだろうか。

ファミレスに連れていかれて気分を害するのは、自分が安く見積もられたと感じるのだろう。ただ、その男性には悪気はなかったのかもしれない。彼は質素な生活をしている人だとも考えられる。

まったく違う経済環境にいた男女が出会うのだから、こういう行き違いが起こる。婚活ならではだ。

逆に婚活で出会った女性に関して、筆者が困惑した体験は次の通り。

- ブランド品をねだられた。
- ビジネスクラスでのハワイ旅行をねだられた。
- 配信番組をやっている女性に投げ銭を求められた。
- 待ち合わせたレストランに女性が現れず、一人で食事をした。

婚活を始めたころはおねだりされるままにブランド品を買ってしまった。ルイ・ヴィトンの限定の財布、バーバリーのカーディガンなど。スーツもブーツも買った。そのことを仕事の後輩女子に話したら厳しくたしなめられて、以後はねだられても買わないように心がけている。

ヴィトンの限定の財布は8万円だった。その後、女性が財布を持っているのを見たことがないので、セカンドハンドの店に売ってしまったのかもしれない。

ハワイ旅行をおねだりされたときは単純に喜んでいたが、ホテルも滞在中の行動も別だとわかり、即やめた。投げ銭は少額なので応じていたが、毎日求められるのでお断りした。

予約して待ち合わせしたレストランに女性が現れなかったときは、何度電話してもつながらず、食べずに帰るわけにもいかず、必要以上にオーダーし、一人で食べまくって帰った。なかなかみじめな気持ちになり、自分で自分を笑ってしまった。

これらの女性とはもちろん交際していない。

婚活は試練だ。

人間性がわかる婚活バスツアー

婚活パーティーは二極化している。1990年代から生き残っているパーティー会社は、ここまでに述べてきたように、シンプルな方向に向かっている。エンタテインメント性を廃し、フリータイムもやめ、一対一でしっかり会話できるお見合いのスタイルになってきた。一時期は頻繁に開催されていた、男性医師・弁護士限定パーティーや、女性モデル・CA限定パーティーはあまり見なくなった。

その一方で、後発の会社——たとえば旅行代理店が手がける婚活パーティーや、既存のパーティー会社から独立したスタッフが手がける婚活パーティーは、新しいアイディアを盛り込み、それぞれの個性を打ち出している。婚活バスツアー、婚活ハイキング、婚活料理教室、婚活座禅、たこ焼き婚活、ゴルフ婚活、スノボ婚活、婚活クルージング……などだ。

婚活バスツアーは週末の朝、東京都内の場合は、上野や新宿のバスターミナルに集合。イチゴ狩り、ブドウ狩り、紅葉狩り、寺社巡りなどに日帰りで出かける。筆者はイチゴ狩り、ミカン狩り、寺社巡りに参加したことがある。

初めてトライしたのはイチゴ狩りだった。バスツアーはまる一日婚活をしなくてはならない。ものすごく疲労する。

バスツアーのいいところは、人柄がよくわかることだ。1、2時間の婚活パーティーなら〝いい人〟でいられる。ごまかしがきく。しかし、長時間になると、本性が現れる。思いやりのなさや協調性のなさが行動に現れてしまう。やさしさも誠実さも言動に現れる。朝から夜まで集団行動なので、ごまかしがきかない。

バスの中では、スタンダードな婚活パーティーと同じように男女が相手をチェンジしながら一対一で会話を行う。回転寿司のバスツアーバージョンだ。窓側のシートに女性が座り、男性は通路側を移動して会話をくり返す。この移動は、とくに男の負担が大きい。東京の場合は、出発するとバスはすぐに首都高に乗る。道は右へ左へとカーブする。路面は荒れていて、バスは揺れる。その状況で、立ったり座ったりをくり返さなくてはいけない。女性と話すので緊張もする。

まもなく、男性参加者が次々と乗り物酔いをうったえた。吐きそうになり、会話のラインからはずれて、後ろの空いているシートで横になる参加者もいた。そうなると、もう婚活どころではない。

メインイベントのイチゴ狩りは、紙のお皿とコンデンスミルクを渡されて、ビニールハウスで自由にイチゴをもいで食べる。男女が自然と会話をするようになる。頬についたコンデンスミルクを女性がハンカチで拭ってくれて感動した。

まる一日団体行動をすると、男女の別なく親しくなる。イチゴ狩りは男女合わせて40人ほどのツアーだったが、ほとんどの女性が連絡先を交換してくれた。驚いた。

後日、コンデンスミルクを拭ってくれた30代後半の女性と食事をしたりライヴを観に出かけたが、フラれた。現地で長時間行動をともにした30代前半の女性に食事に誘われてわくわく出かけて行ったが、恋愛相談だった。

ミカン狩りには酔い止めの薬を持参した。自分も飲んだが、揺れで体調を崩した参加者にもさしあげた。イイ人アピールだ。弱っている女性に手を差し延べるとは、われながらあざとい。もちろん女性だけではなく、体調の悪そうな男性参加者にも薬をさしあげた。

こういう行いを女性はしっかりと見ている。

バスツアーは、ランチタイムやトイレタイムに男同士で会話をすることもある。サービスエリアで放尿していると、隣で同じツアーの参加者もしていた。

「好みの女性、いますか？」

「いやあ、わからないですね。もう少し話してみないと。しかし、疲れますねえー」

「一日中女性に好かれようとして行動しなくちゃいけませんからね」

「そうなんですよ！　バスの中でうとうともできません」

そんな会話を交わした。そうして親しくなった男性参加者とは後日合コンを行った。

フルーツ狩りは、おいしくなくてはいけない。

イチゴ狩りのイチゴはおいしく、ツアーそのものが盛り上がり、全員のテンションが上がって仲よくなった。しかし、ミカン狩りの夏ミカンは酸っぱくて、バスの中がなんとなくどんよりとした空気になった。空気が重いと、カップルもできづらい。

しかも、夏ミカンは硬い皮を剥《む》かなくては食べられない。参加者はミカンを剥くのに必死になり、会話がはずまなかった。カニのお店で宴会をやるとみんなが必死に殻を剥くので盛り上がらない。あれに近い。

寺社巡り婚活もお勧めできない。婚活よりも寺や神社に興味のある女性が一定数参加しているからだ。彼女たちは真剣にお寺や神社を巡る。パートナー探しはプライオリティが低くなり、盛り上がらない。

謎の宗教行脚のような婚活ハイキング

婚活ハイキングは、3時間ほど奥多摩を歩いた。男女各20人ずつ、二列縦隊で約2時間、一対一の会話をしながら歩く。半分くらいは舗装された国道。もう半分くらいは山道や河原だ。小学生の遠足の大人版といったふう。ちょっと異様な一団だ。40人の大人が必死に会話をしながら移動していく。スタッフの合図で会話はピタッと止まり、話す相手をチェンジする。そしてまたにぎやかに話し始める。国道では列の横をロードレーサーやライダーが追い抜いていく。不思議そうな表情で見ていく。地元のオジサンが二人、ガードレールに腰掛けてカップ酒を飲んでいた。

「オニイチャン、何の会だい？」

通り過ぎるときに聞かれたが、恥ずかしいので笑顔でごまかした。新種の宗教だと思われたかもしれない。

ハイキングには、小分けされたチョコレートやビスケットを持参した。疲れた様子の女性にさしあげて好かれようとした。あざといが、われながらいいアイディアだ。

ハイキングを甘く見たらしい女性参加者の化粧が汗で落ち、ドロドロになっていた。その一方で登山のような重装備の女性もいる。あの大きなリュックの中には一体なにが入っていたのだろう。知りたかったが、質問したら嫌われそうなのでがまんした。

チョコレートやビスケットの効果は高く、後日二人の女性と再会し食事をしたものの、交際にはいたらなかった。そのうちの一人は、ほんとうに山登りが好きな男性を探していた。筆者は山が苦手だ。

達成感の共有で親しくなる婚活料理教室

婚活料理教室の会場は、キッチンスタジオで。男女二人でひと組になり、協力して料理をつくる。

サラダをつくるペア、スープをつくるペア、メインの料理をつくるペア、デザートをつくるペア……。組む相手を気に入ろうが気に入らなかろうが、会話をしなくてはいけない状況になる。そして、達成感を共有する。出来上がった料理は参加者全員で試食。みんなで称え合う。明るい雰囲気になった。

このパーティーも、バスツアー同様、人柄がわかる。協力し合わなくては成立しないからだ。参加メンバーのなかに、包丁の扱いがうまい男性がいた。ふだんから自炊しているのだろう。どの女性参加者よりも慣れていた。

スキルが高いと、つい指導したくなる。指摘もしたくなる。なにもできないのも低評価だとは思うが、できすぎるのも感じが悪い。ペアの女性が明らかに萎縮していた。

料理婚活のいいところは、男女が達成感を共有すること。気持ちが近づく。ただし、ペアを組む相手は必ずしも自分の好きなタイプとは限らない。筆者は何度か参加したが、スタッフの指示で25歳離れた保育士の女性とペアを組んだことがある。申し訳なく感じたが、しかたがない。彼女は明らかに不満な表情だったが、女性は社会性があるので、それなりに楽しく料理をつくり、しかし完成して試食した後はひと言も会話を交わさなかった。

料理婚活は参加人数が限定される。スタッフ一人でそれほどたくさんの男女をケアできないからだ。火を使うし、刃物も使う。男女4対4、せいぜい5対5というサイズの会になる。4人、5人だと、好みの相手が一人もいないことも起こり得る。すると、婚活のモチベーションの維持が難しい。しかも、料理なので時間が長い。3時間くらいだろうか。たとえば週末の貴重な3時間を興味の対象外の人たちと料理をつくるのはちょっとした試練だ。

婚活パーティーはシンプルなスタイルがいい?

婚活座禅は訪れるまで謎だった。座禅と婚活がどうしても頭の中で結びつかなかった。筆者が参加したのは、東京・広尾のお寺で週末に行われた婚活。広尾には高級住宅街のイメージがあるが、門前町で、小さなお寺がいくつもある。

集合は朝9時。お寺で男女30人くらいが僧侶の講話を聞き、写経を行い、座禅を組んだ。講話も、写経も、座禅も、参加者はもちろん全員無言だ。婚活のやりようがない。

講話はつまらなかった。若い僧侶が自分のキャリアを語ったが、学ぶべきものを見つけられなかった。豊かな日本でのごくふつうの生い立ちで、厳しい修行を体験したふうでもない。俗社会で生き抜くことのほうがよほど苦しく、厳しい体験をし、揉まれる気がした。写経や座禅の時間に周囲に話しかけるなどもってのほか。婚活と写経や座禅は、本来まったく対極にあるものではないか。女性にわくわくするのは煩悩の領域なのになあ、と座禅を組みながら考えていた。

婚活座禅としながらも、結局、お寺にいる時間に女性と会話をすることはなかった。本格的な婚活はお寺から外に出てからだ。

パーティー会社が予約していた広尾駅近くの居酒屋で懇親会のような飲み会が行われた。しかし、座禅で満足したのか、男性の顔ぶれに失望したのか、約半数の女性はお寺からそのまま帰ってしまった。座禅婚活では、その後の宴会で、ピンクのリボンを結んだ派手な看護師の女性と連絡先を交換し後日食事をした。しかし、それ以上親しくはならなかった。あまりにも会話がかみ合わなかったのだ。

さまざまなタイプの婚活パーティーを体験してはっきりとわかったのは、スタンダードなスタイルがもっとも効率がいいということ。1時間半か2時間の間に、男女の出会いに必要な内容がぎゅっと収まっている。

ハイキングがしたければ、婚活ではなくハイキングに出かければいい。料理は自宅でつくればいい。座禅もお寺に直接頼めば、おそらくお金を払うことなく体験できるのではないか。バスツアーは人間性を見られるといういい面もある。ただし、貴重な週末の一日をまるまる費やすことができるか。参加費は男性が1万5000円から2万円、女性が1万円くらいだ。それを高いと感じるか、高くはないと感じるかは、成果次第だと思った。

婚活は婚活として行ったほうがいい。それがよくわかった。

第5章 「婚活中毒」という病

育ち切ってしまった自我

30年近くさんざん婚活をやってきた。女性と出会えていないわけではない。婚活のツールも年々充実している。婚活アプリや結婚相談所を利用して成婚している男女はいくらでもいる。なのに、成婚できない。

原因は明らかに自分自身にある。理由として思い当たることがいくつかある。

まず、自我が育ち切ってしまった。

約60年生きてきて、自分はこうありたい、自分はこうでなくてはならない、というものが増え過ぎた。

自我がやわらかい20代ならば、さまざまなことが受け入れられた。同世代の女性と交際して食事して、映画を観て、音楽を聴いて、セックスをして、二人で志向や嗜好を育てていくことができた。ところが年齢を重ねると、それが難しい。年齢相応の体験をしてきたので、好きなものは好き。嫌いなものは嫌い。はっきりとしている。

自分が思う自分は、ほんとうの自分なのか。正しい自分なのか。それはわからない。でも、こうあらねばならないと思い込んでしまっている。

すると、恋愛も含めて人間関係のストライクゾーンがとても狭まってしまう。その狭いストライクゾーンからはずれたものは受け入れられない。

偏屈になっているのだ。

中高年の男が出会う女性は、たいがいは中高年だ。相手も自我が育ち切っている。女性のほうがまだ柔軟性があると思うが、それでもやっかいな男と時間を共有するほど彼女たちはひまではない。おおらかでもない。社会性のある女性同士で上手にコミュニケーションをとり、気楽に楽しむようになる。

中高年同士の恋愛は難しい。恋愛関係になり、外で会っているうちはまだいい。時間が限定されるからだ。一日くらい相手に合わせられる。歩み寄れる。

しかし、相手が家に来るようになるといけない。筆者はフリーランスで仕事をしている。自宅にいる時間は、睡眠、食事、入浴のほかは、ほぼ原稿を書いている。別のことをしていても、脳のどこかでいつも必ず原稿のことを考えている。

生活は自分流だ。自宅は3LDK。仕事部屋、資料部屋、寝室……。すべてのスペースを自分のために使っている。トイレも浴室もドアを開けたまま使う。誰もいないから、閉める必要がない。夏は裸族。全裸で生活している。誰にもとがめられない。

そんなわがまま放題の生活が長すぎた。一人の生活に慣れ過ぎた。

そこに異質なものが長時間滞在すると苦しくなる。でき上がってしまった一人の生活を壊されるのが怖い。

交際している女性の来訪はうれしい。楽しい。

ところが相手が泊っていくと、二日目はつらくなってくる。原稿を書きたい。でも、彼女がいる。仕事をするのは気が咎める。早く帰らないかなあ、と思う。でも、口には出せない。やがて彼女は「帰ってくれないかなあ」という表情を察知する。もめる。別れる。そんな恋愛をくり返してきた。

婚活には〝助走期〟がないから、執着もない

婚活アプリで出会った30代後半の金融系の企業の秘書課の女性との交際中、二人で3泊4日のサイパン旅行に出かけた。読書の習慣がある筆者は読みかけの小説を一冊持参した。おもしろくて、中断することができなかったのだ。定例の雑誌の仕事があるのでパソコンも持参した。

南の島に滞在中も本を読み、メールをチェックして、日本にいる仕事関係の相手とやり取りをする。

朝はプールで1000メートル泳いだ。運動は必須だ。仕事の一つだと思っている。フリーランスなので健康を損なうと仕事を失う。人生が終わる。

しかし、彼女はもっと遊びたい。毎日違う水着を着て、毎日一緒にマリンスポーツをしたい。でも、一人で楽しんでもらった。

帰国のとき、サイパンの空港ラウンジで彼女がキレた。

「私、あなたがこんなに自分勝手な人だと思わなかった！」

がまんが限界に達していたのだろう。

こちらにも言い分はあった。仕事をすることもプールで泳ぐことも事前に伝えた。彼女は了解していた。費用はもちろんこちらが全額負担している。

「仕事することも、泳ぐことも、行く前に言ったでしょ」

一応反論してみる。

「ほんとうに仕事するとは思わなかった！」

鬼の形相だ。

ラウンジのチャモロ人のスタッフがなだめに来た。

「ケンカシチャ、ダメ。ケンカシチャ、ダメヨ」

彼女とはそのまま会話をすることなく搭乗し、機内でもしゃべらず、成田で別れた。

帰国後に関係修復に努めなかったのは、婚活で出会ったから、ということもあった気がする。

婚活は、その性質上、交際までの経緯がない。いきなり出会って付き合う。友人関係や仕事を通して徐々に好意を抱いていく〝助走期〟がない分、執着もないのだろう。

今の時代の婚活システムはよくできているので、またすぐに新しい相手と会える。目の前の相手にすがらなくてもいい。面倒くさい人とは別れよう、と思ってしまう。

しかし現実的には、面倒くさくない相手などいない。誰もが自分を生きているからだ。どんなにおとなしそうに見える人でも、その人の人生の主人公はその人自身だ。自分が一番。最終的に自分と家族以外の誰かを優先させることはない。

だから、相手から関係を修復してくることもない。さっさと別れ、こちらもあちらも婚活を再開する。新しい相手を探す。このサイクルをくり返して〝婚活中毒〟が二人完成する。

サイパンで別れた秘書の彼女はすぐに婚活アプリを再開し、婚活パーティー会場でも再会した。おたがいかつて交際していたことなどなかったかのように笑顔で会話をして、それぞれ別の相手とマッチングして帰路についた。

婚活は等価値取引

婚活アプリにはずっと継続している登録者がたくさんいる。解約と再登録をくり返している人もたくさんいる。

婚活パーティーに参加すると、同じ男女に何度も出会う。あちらもこちらを見て、同じように思っているだろう。

自分を含め、このような人たちは皆、婚活中毒。婚活から抜け出せなくなっている。もっと自分にふさわしい相手がいるはず――と、男女とも思ってあきらめきれずに活動を続けている。

「理想が高いからうまくいかないんじゃないですか？」

そんなふうに言われたことがある。そのときは堂々と否定した。しかし、長く婚活を続けてきて、指摘された通りだということがようやくわかった。

〝理想が高い〟というのは、言い換えると、高望みだ。自分に見合う相手をスルーして、手の届かない相手ばかりを追いかけているということだろう。

受験でいえば、偏差値が40なのに偏差値70の学校を受け続けている。100回試験を受けても合格しない。一年勉強して出直すしかない。

現実的には、受験ならば自分の偏差値が40だと知っているので、70の学校は受けない。受験料の無駄遣いだとわかっているからだ。婚活でやっかいなのは、自分の偏差値が40だと思っていないところにある。だから、70の相手に行ってしまう。

何度も書いているとおり、アラカンでバツイチで不安定な職種でデカ顔なので〝婚活偏差値〟が低いとは思っている。でも、もしかしたら「思っている」と思い込んでいたのかもしれない。実際にはわかっていないのではないか。どこかに自分を高く見積もっている自分がいるのではないか。

たとえば、仕事だ。仕事に関しては、日々努力をしている。いい仕事をするためには時間を惜しまない。エネルギーも惜しまない。

健康を維持するためにジムにも通うし、食事にも気をつけるようになった。そういう自分を意識的にしても無意識にしても評価して、恋愛偏差値に加点しているのではないか。だから、ハイクラスの女性にも臆することなく、アプローチしてしまう。そして、フラれる。ときどき交際にいたっても、相手の弱点に目が行ってしまい関係を終わらせてしまう。

そして、もっともっとと、新しい相手を求めて婚活をくり返す。

これも、婚活中毒者になる一つの要因だと思う。

仕事をどんなに頑張ろうが、婚活偏差値は下降していく。年齢が増していくからだ。ジジイ化が進行した分は、努力で補わなくてはならない。しかし、体力が落ちていくので、やがて補いきれなくなる。

婚活に限らず、恋愛は〝等価値取引〟だ。同等な相手と結ばれる。だから、美男と美女が付き合う。見た目がアンバランスなカップルもときどき見かけるが、どちらかがなにか内に秘めた魅力を持っているのだろう。あるいは、ものすごく努力をしているのかもしれない。

容姿をはじめとする自分の弱点をたとえば仕事の成果などで補い、婚活偏差値を上げたい。でも、アラカンには難しい。

女性の婚活中毒化事情

女性も、おそらく同じだ。

自己評価が高いと「もっと私にふさわしい男がいるはず」と思って、なかなか一人の男に決められない。

とくに美しく若いころに男を手玉に取ってきた女性は過去の男と比較してしまい、あんなにいい男と付き合っていたんだから今もいける、と思ってしまう危険がある。昔の成功体験は、今の幸せのさまたげになるかもしれない。

女性の場合は、さらによろしくない状況もある。男は好きでない女性ともセックスできるので、一夜のために口説いてくる。甘い言葉をささやいてくる。

ハイクラスの男に口説かれて関係をすると、女性はさらに自分を高く見積もる心配もある。婚活市場で自分と等価値の男と出会っても、心がなびきづらい。昨夜ベッドをともにしたハイクラス男が自分にふさわしいと思いがちだ。しかし、そのハイクラス男は、翌日には別の女性を口説いている。

婚活アプリで、50代半ばの服飾系のデザイナーとマッチングして食事をした。彼女は婚歴が一度。成人した子どもがいた。元夫はドクター。

裕福だったのだろう。いかにも高価な服や貴金属や時計を身につけていた。顔は女優の米倉涼子に似ていた。

アルコールが入り饒舌になった彼女は、アプリで出会ったほかの男について語り始めた。

そのなかに、彼女は名前も社名も教えてはくれなかったが、有名企業の経営者がいたという。高級レストランの個室でディナーをして、ラグジュアリーホテルのスイートで抱かれた。1回の関係だが、彼女は実に誇らしげにそのことを語っていた。しかし、婚活にはなっていない。ワンナイトの事故だ。

彼女は、これから会う男をその経営者を基準にジャッジしないように心がけなくてはいけない。彼と社会的に同レベルの男は婚活市場にはいないだろう。そもそも経営者も婚活よりも恋愛かベッドを求めてのアプリ登録だったかもしれない。

こうして、彼女は、もっともっとと思い、婚活中毒者への道を進んでしまう。

婚活のエンタテインメント性と自己確認

婚活を続けていると楽しくなってくる。前述したが、自分と異なる業種・職種の相手と出会えるから新鮮なのだ。しかも、相手もパートナーを探している。最初は歩み寄ろうとする。お世辞の一つや二つは言ってくれるし、こっちだっていくらでも言う。

そんなことをくり返すうちに、いつのまにか結婚を目的に婚活をするのではなく、婚活そのものを楽しむようになっている。結婚するためのツールではなく、婚活自体がエンタテインメントになっている。

仕事を終えた夜、婚活アプリでメッセージをチェックしたり、レスポンスしたり、食事の約束をするのは楽しい。新規登録した女性のプロフィールのチェックも楽しい。また、なにも予定のない週末、婚活パーティーに参加するとそれなりに充実する。約2時間、適度な緊張をもって過ごすからだ。パーティーで意気投合した女性との食事も楽しい。結婚したらそんなことはできない。一人の女性と付き合った場合も、婚活はできない。だからだれとも交際しないか、あるいは友達以上恋人未満の状態で交際する。婚活はやめない。

このあたりの心理を十分に理解したうえで、婚活関係各社はビジネスを展開しているのだろう。そんな思惑にまんまとはまり、気づいたら筆者は婚活のリピーターになり、ヘビーユーザーになり、初老になっていた。同じようなプロセスで婚期を逃している男女がおそらくたくさんいる。

婚活は自己確認にもなっている。

中高年になると、新しい出会いは限られる。仕事の場で新しい出会いなどはない。新入社員や派遣社員が入ってはくる。でも、それははるか年下。恋愛の対象ではない。なので、男性としての自分の価値はわからない。

そんなお年頃で婚活アプリや婚活パーティーで女性から申し込まれたり、自分から申し込んでマッチングが成立したりすると、とてつもなくうれしい。婚活市場で、ひいては恋愛市場で自分にまだ〝商品価値〟があると思えるからだ。

僕と食事をしたいと思ってくれる女性がいる。

僕を恋愛対象にしてくれる女性がいる。

その事実は、自分を元気にしてくれる。仕事の活力にもなる。婚活パーティーで10人の女性と会話をして、3人が自分に興味を持ってくれたら、それだけで一日気分よく過ごすことができる。3人が自分の好きなタイプであろうが、タイプでなかろうが、評価してくれたというだけでありがたい。悪循環なのか、良循環なのか、どちらなのかはわからないが、やめられなくなる。

ソロで生きる

自分に結婚は必要なのだろうか？

この期に及んで疑問が頭をよぎる。1990年代後半に婚活を始めた理由は、一人の生活に寂しさを感じたからだった。離婚して間もない時期だったせいかもしれない。一人のベッドに仰向けになり、天井を見つめて木目を数え、虚しさを覚えた。

しかし、いつのまにか寂しさは解消されていた。

それでも50歳、60歳など節目が近づくと寂しさに襲われて、集中的に婚活をする。しかし成果は上がらず、また一人の生活に馴染んでいく。

気がつけば、離婚して約30年。〝ソロ生活〟が板についた。自炊はできる。週に一度か二度外食をともにする友人が徒歩圏にいる。映画は好きな作品を一人で観に行く。一人だから、都合のいい日の都合のいい回を選べばいい。コンサートを観に行くときだけ会う友人が男女ともいるし、一人でも苦にならない。野球を観に行く友人も男女ともいる。旅行は国内も海外も一人で行く。仕事で50回以上海外を訪れているから旅慣れている。

これでいいのではないか――。

そう思える。誰かと暮らすと、相手の好みにお付き合いしなければならない。自分の好みに相手を付き合わせるかもしれない。

50代のとき、30代の女性と交際した。彼女は千葉県にある世界的アミューズメントパークが大好きだった。しかし、筆者はアミューズメントパークの乗り物が苦手だ。公園のブランコですら、酔ってゲロを吐きたくなる。それなのに一緒に行きたいと誘ってくる。その都度断った。

「頼むから、妹さんか友だちと行ってくれ」

いくら言っても納得しない。

「あなただって、行けば楽しいと思うわ」

「ブランコでも酔うんだ。遊園地の乗り物に乗ったら空中にゲロをまき散らす」

「だったら、いいわよ。ほかの男の人と行くから」

「どーぞどーぞ」

そう言ったら彼女は泣きだした。

アミューズメントパークに一緒に行かないだけで泣く大人がいるとは。想定外だった。こちらは、映画だろうが、ライヴだろうが、海外だろうが、一人で行くのは苦にならない。

その日以降彼女はこちらからの電話に出なくなった。

女性に嫌な思いをさせないためにも、自分はソロで生きなくてはならないのではないか。ソロで生きるべきではないか。

結婚しないかもしれない婚活

2000年代あたりまでは、一人でいる男は気持ち悪がられていた。

筆者は原稿を書くという仕事柄、昼間も自宅にいることが多い。不思議がられ、不気味がられていたと思う。

東京都内の今の住まいに移ってきた2010年のころ、同じマンションに住む30代くらいの奥さまにエレベーターの中で話しかけられた。

「あのう……、失礼ですが、お仕事、されているんですよね?」

「はい」

「どんなお仕事ですか?」

「本を書いています」

「はあ……、そうでしたか」

「爆弾をつくっていると思いましたか?」

「いえいえいえ、そんなふうには思っていませんでしたが」

では、なんだと思っていたのか。それは聞かないでおいた。

その出来事をきっかけに、自宅周辺では努めて愛想よくふるまっている。いまでは近所の商店街の八百屋さん夫妻も、クリーニング屋のオジサンも、スーパーのパートのオネエサマたちも笑顔で話しかけてくれる。

こういう状況は一人暮らしの男が少数派でなくなりつつあるからだとも思う。一人暮らしのジジイが奇妙な存在ではなくなりつつあるのだ。

50歳の時点でのシングルの男性は、2000年で12・6%。8人に1人だった。2010年には20・1%。5人に1人になった。それが2020年には26・7%。4人に1人以上になっている（2018年に厚生労働省が発表。国立社会保障・人口問題研究所「日本の世帯数の将来推計（全国統計）（2018年推計）」「人口統計資料集」より）。

同じ調査によると、50歳の時点でのシングルの女性は、2000年で5・8%、2010年で10・6%、2020年で17・5%。

2020年代以降、シングルはもっと増えていく。すると、おそらく、シングルの男も過ごしやすい社会になっていく。近所のスーパーに行くと、一食一人前向けの総菜や肉が売られている。野菜も1個単位で売られている。それがもっと充実してくるのではないか。

このような環境を有効活用して、30年かけて育んできたソロ力にさらに磨きをかけ、今後の人生を送っていく。

婚活は、やる。開き直って続ける。

暮らしに潤いがあったほうがいいので、婚活アプリや婚活パーティーも活用する。結果的に結婚をしなくても、婚活を続ける。結婚できなくても、交際相手を探す。あるいは、エンタテインメントとして婚活を行う。

そのプロセスで、もしチャンスがあったら、結婚する。理解し合える相手と巡り合えて、相手も応じてくれたら人生をともにする。

婚活アプリをながめると、結婚相手ではなく、恋愛相手や同居する相手を探している女性をかなり見かける。プロフィールに明記している。そういう女性に縁をいただけたらありがたい。

約30年の婚活でコンスタントに女性と接してきた。同時に、フラれたり、ドタキャンされたり、ブランド品を買わされたり、ジジイとののしられたり、つらい思いもした。それらも、過ぎてしまえばほとんどは笑い話だ。こうしたさまざまな経験を肥やしにして〝結婚しないかもしれない婚活〟を行う。

もちろん、60代、70代で、いつまでも女性が相手にしてくれる保証はない。相手にされなくなったら、ジ・エンド。潔く婚活を引退する。静かな生活にシフトする。

本を読んで映画を観て音楽を聴いて過ごす。

筆者のようなアラカンの婚活中毒者は一人で70代を迎えるだろう。婚活会社にとってはいいお客さんだ。前述の厚生労働省の調査では、2030年には50歳の男性の28・0%がシングルになるという。このマーケットを各企業が見逃すことはあるまい。今後は、結婚をしないかもしれない人のためにも、婚活ビジネスはより開かれていくだろう。

おわりに

　新型コロナウイルスが感染拡大する前、結婚相談所、婚活パーティー、婚活アプリが、婚活のメインストリームだった。しかしコロナ禍、婚活は新しいフェイズを迎えた。直接会わなくても男女が知り合えて、会話ができ、ある程度関係を近づけられる婚活アプリがさらに充実し、次々とマッチングを成立させている。

　成果を上げて経済的に豊かになったアプリの会社は登録者数を増やし、その利益によって機能を充実させ、さらに登録者数を増やす。登録者数が増えれば、マッチング数が増える。プラスのスパイラル状態だ。

　この本で述べて来たとおり、アラカン、バツイチ、フリーランス、デカ顔という恋愛マイノリティの筆者でも十分な準備で臨めば女性とマッチングでき、交際できる状況だ。マッチングが増えれば成婚も増える。その一方で延々婚活を継続する婚活中毒者も増えている。出会った相手に執着しなくなっているからだ。別れてもすぐにまた別の誰かに出会えるという恵まれた状況が、恋愛を浅薄にする。

　それをくり返しているうちに年齢がどんどん上がり、筆者のようなもはや取り返しのつかない、結婚できない永久婚活状態に陥ってしまう。婚活中毒者が量産されていく。

　一方自分にとってなにが大切かをわかっている女性は、正しくパートナーを見つけようとする。しかし悲しいかな、結婚とは男女セットで行われるもの。女性がしっかりしていても、男がだらしないとパートナーシップは成立せず、女性も油断すると婚活中毒者の仲間入りをしてしまう。「いい男なかなかいないんだよねえー」と、くだを巻く羽目になる。

　婚活アプリや結婚相談所や婚活パーティーなど婚活ツールの充実は、成婚も増やすが、婚活中毒や婚活難民も増やしていく。

　209ページに厚生労働省発表のデータを紹介したが、50歳の時点でのシングル率は年々増えている。男性に関しては、2030年には3割近くになる計算だ。

　今の日本の充実した婚活環境を賢く利用して、できれば成婚したい。それがうまくいかずに筆者のように取り返しのつかない年齢になったら、ソロ人生を歩む覚悟を決めなくてはならない。

本書はノンフィクションで、登場する女性たちは個性的なかたがほとんどです。そのため、婚活界には、変わった人ばかりが生息していると思われるかもしれません。でも、実際には、婚活アプリも、結婚相談所も、婚活パーティーも、ごく一般的な社会性のあるかたがほとんどでした。ただ、そういう女性たちとは本に書くような突出したエピソードもないので、結果的に、本書は個性的なかたとの話ばかりになっています。どうかご理解ください。

ここまで読んでいただいて、ありがとうございました。この本は、星海社編集部の持丸剛さんのご理解とご尽力なくしてできない本でした。この場をお借りしてお礼を申し上げます。

2023年6月　石神賢介

婚活中毒《こんかつちゅうどく》

二〇二三年 七 月一八日 第一刷発行

著者 石神賢介《いしがみけんすけ》
©Kensuke Ishigami 2023

発行者 太田克史《おおたかつし》
編集担当 持丸剛《もちまるつよし》

アートディレクター 吉岡秀典《よしおかひでのり》（セプテンバーカウボーイ）
デザイナー 五十嵐《いがらし》ユミ
フォントディレクター 紺野慎一《こんのしんいち》
校閲 鷗来堂《おうらいどう》

発行所 株式会社星海社
〒一一二-〇〇一三
東京都文京区音羽一-一七-一四 音羽YKビル四階
電話 〇三-六九〇二-一七三〇
FAX 〇三-六九〇二-一七三一
https://www.seikaisha.co.jp

発売元 株式会社講談社
〒一一二-八〇〇一
東京都文京区音羽二-一二-二一
（販売）〇三-五三九五-五八一七
（業務）〇三-五三九五-三六一五

印刷所 凸版印刷株式会社
製本所 株式会社国宝社

ISBN978-4-06-532624-4
Printed in Japan

267
SEIKAISHA SHINSHO

211

「シティポップの基本」がこの100枚でわかる!

栗本斉

「シティポップ」の熱狂を凝縮した、入門書にして決定版!

洋楽の要素を取り込み、鮮やかな色彩感覚で洗練された都市の情景を描きながら、憂いや哀愁をも含んだ日本独自の音楽ジャンル、「シティポップ」――この「都市型ポップス」は2010年代以降、世界中で急拡大する。本書はシティポップ史に燦然と輝く名盤から、先人の遺伝子を受け継ぎ昇華し続ける次世代盤まで、シティポップを紐解くうえで決して外すことのできない必聴の100枚を厳選し、30年にわたり日本のポップミュージックシーンと併走してきた著者が一枚ずつ丹念にレビューする。時代も国境も軽々と越えた、語り継ぐべきに日本の文化遺産に耽溺してほしい。

カバー装画:鈴木英人

232

韓国ドラマ！愛と知性の10大男優

康 熙奉
Kang Hibong

韓国の人気俳優のすべてがわかる

韓国ドラマを彩る魅力的な男優たちの生々しい素顔と印象的な発言を紹介しながら、彼らの主演作の演技を幅広く解説。特に、彼らが持っている「知性」に着目し、ファンから愛される背景を明らかにする。他にも韓国の男優の育ち方・学歴・兵役といった気になる経歴についても詳しく触れ、彼らはなぜスターであり続けるのか、その理由の核心に迫る。韓国ドラマ界の頂点に君臨するビッグ3、本格派、個性派などの10大男優から、若き才能、注目のイケメンまで。世界を熱狂させる韓国ドラマに主演する人気俳優の魅力を余すところなく網羅した必読の一冊。

242

韓国ドラマ！推しが見つかる究極100本

康 熙奉
Kang Hibong

7つのジャンルから厳選した究極の100作品

「絶対に面白いと言わせてみせる！」と凄まじい熱量をもって制作されているのが韓国ドラマだ。現場はエネルギッシュかつ「世界を驚かす」という熱意に満ちている。そうして生み出されるドラマが面白くないわけがない。山のように準備された中から企画が吟味され、激しい競争を勝ち抜いた脚本が日の目を見る。さらに、創造性あふれる演出家が縦横無尽に作品に昇華させ、俳優たちが自分を巧みに変貌させる究極の演技で応える。それが韓国ドラマが高い評価をうける背景であり、世界中で人気を博している秘密である。あなたの人生をふるわせる究極の100作品がここにある。

249

子役のテレビ史
早熟と無垢と光と影

太田省一

「挫折する子役」から大人の俳優へ

「かつての子役は、たとえ爆発的な人気を集めたとしても、子役のままで終わるケースが珍しくなかった。（中略）そこにはしばしば、大人の俳優へと上手く脱皮することの難しさ、それゆえの挫折があった」（「はじめに」より）。ところがこの状況は80年代後半、後藤久美子や宮沢りえなど自己を主張する子役の登場によって転機を迎える。大人の俳優やタレントになるための道筋ができたのである。本書は高峰秀子や美空ひばりなど映画時代に大きな成功を収めた子役から、芦田愛菜や鈴木福など「賢さ」を身に付けた現代の子役まで、およそ一世紀におよぶ子役の歴史的変化を作品と社会の両方から解き明かす。

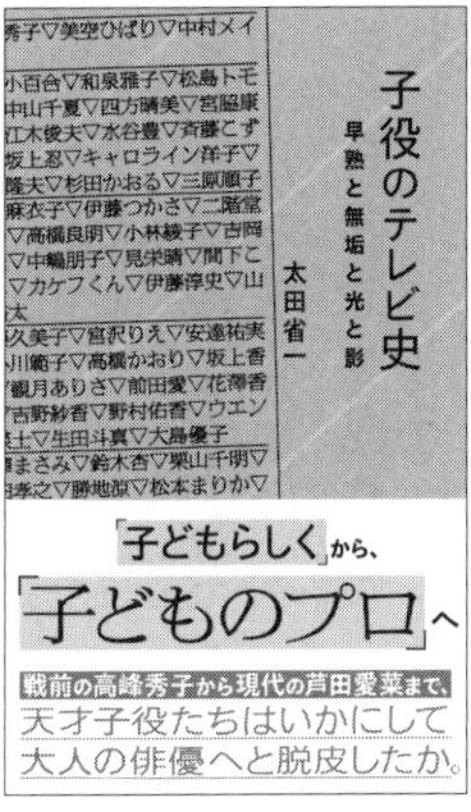

251

電力危機

私たちはいつまで高い電気代を払い続けるのか？

宇佐美典也

現在の電力危機と電力の未来を、百年超の電力産業史と最新のデータで徹底解明！

現在、日本の電力事情は危機的状況にある。エネルギー不足を受けて電気代はかつてなく高騰し、電力不足を告げる警報も一度ならず発出されている。日本経済の未来に大きな影響を及ぼしかねないこの惨状は、２０１１年の東日本大震災以降、具体的なビジョンなきままに進められた日本の電力改革が行き着いた必然の結果である。本書では、１世紀以上にわたり発展してきた電力産業の現在までの歩みを概観し、日本が今後直面する危機の実情を明らかにするとともに、エネルギー業界の第一線でコンサルティングを行う著者が実地で練り上げた、今こそ日本が取るべきエネルギー戦略を提案する。

252

核兵器入門

多田将

核兵器の動作原理から開発史、核抑止の政治学まで網羅した核兵器入門の決定版

核兵器、それは人類史上最強の破壊力を持つ兵器です。核戦争の危機が再び迫る現代、実際に核兵器が爆発する物理的メカニズムや核開発の歴史、さらに安全保障における核抑止の最新の議論について学ぶことが、核の悲劇を繰り返さないために必要ではないでしょうか。本書では物理学者である著者が「もし東京に核兵器が落ちたらどんな被害が出るのか」などのシミュレーションをはじめ、核兵器をめぐる物理的・軍事的・歴史的側面を広く解説し、最終章では政治学者の小泉悠氏、村野将氏と核兵器をめぐる最新の国際情勢について議論しました。本書が核兵器について考える一助になれば幸いです。

次世代による次世代のための

武器としての教養
星海社新書

星海社新書は、困難な時代にあっても前向きに自分の人生を切り開いていこうとする次世代の人間に向けて、ここに創刊いたします。本の力を思いきり信じて、みなさんと一緒に新しい時代の新しい価値観を創っていきたい。若い力で、世界を変えていきたいのです。

本には、その力があります。読者であるあなたが、そこから何かを読み取り、それを自らの血肉にすることができれば、一冊の本の存在によって、あなたの人生は一瞬にして変わってしまうでしょう。思考が変われば行動が変わり、行動が変われば生き方が変わります。著者をはじめ、本作りに関わる多くの人の想いがそのまま形となった、文化的遺伝子としての本には、大げさではなく、それだけの力が宿っていると思うのです。

沈下していく地盤の上で、他のみんなと一緒に身動きが取れないまま、大きな穴へと落ちていくのか？　それとも、重力に逆らって立ち上がり、前を向いて最前線で戦っていくことを選ぶのか？

星海社新書の目的は、戦うことを選んだ次世代の仲間たちに「武器としての教養」をくばることです。知的好奇心を満たすだけでなく、自らの力で未来を切り開いていくための〝武器〟としても使える知のかたちを、シリーズとしてまとめていきたいと思います。

2011年9月

星海社新書初代編集長　柿内芳文

SEIKAISHA
SHINSHO